シリーズ「遺跡を学ぶ」122

石鍋が語る中世

ホゲット石鍋製作遺跡

松尾秀昭

新泉社

石鍋が語る中世
—ホゲット石鍋製作遺跡—

松尾秀昭

【目次】

編集委員
勅使河原彰（代表）
小野　昭
小野正敏
石川日出志
小澤　毅
佐々木憲一

装　幀　新谷雅宣
本文図版　松澤利絵

第1章　西海の岩壁彫刻

1　岩肌に刻まれた職人の技

映画「十戒」の海が割れたシーンのよう

長崎県の西彼杵《にしそのぎ》半島西端の海岸に立つと、小さな島々が点在する広大な水平線を望むことができる。東シナ海に通じるこの海には太古から船が行き交い、旅人が陽の沈む遥かかなたへの航海に胸を躍らせながら聞いた波音は、今も昔も変わらないことであろう。

一方、ふりかえって海を背にすると、平野がほとんどない山地へと景色が一変する。この山中へは今でこそ車で行くことが可能になったが、車道が整備される以前は河川沿いに人びとは往来し、谷地ごとに小さな集落を営むばかりだった。

集落から少し離れると、人の侵入を拒むかのような急斜面が連続し、ところどころ大小の岩が頭を突き出している。高さ十数メートルにもおよぶ屏風のごとくそびえ立つ岩もある。

図１● ホゲット石鍋製作遺跡の第６工房跡
中央の通路の両側にそびえ立つ滑石の壁には、今も無数のノミの痕跡やとり残された石鍋（の粗型）をみることができる。滑石層を追ってこのように深くなった。

これらの自然に形成された大小の岩には、自然が刻んできた歴史とともに、人びとが刻んだ歴史も残されている。たとえば、左右に高さ四メートルほどの壁がせまり、奥へ六〇メートルも続く、まるで映画「十戒」の海が割れたシーンのような岩壁がある（図1）。

壁面には約五〇センチ前後の円形や方形の窪みがところせましとあり、なかには「丈の低いバケツ」のような形に削られた痕跡が残っている（図2）。これが本当に人の手によるものかと疑うほどだが、明らかに人がなんらかの工具で削ったものである。ここが本書でとり上げるホゲット石鍋製作遺跡（以下、ホゲット遺跡）の一部である。

「滑石」という石

小さいころに山を駆けまわり、秘密基地と称した集合場所の岩に友と決めた暗号を刻んだ記憶がある。私が住んでいた地域には砂岩が多く、それ

図2 ● 壁面に残るさまざまな剝ぎとり跡
時代による石鍋の形の変化で、剝ぎとり方も異なったようだ。滑石層の広がり方や厚みにも制約されただろう。

に小石を使って暗号を刻もうとしても硬くて、かすかに読みとれるぐらいにしか刻めなかった。しかし、ホゲット遺跡の岩壁にはしっかりと刻まれた人びとの営みの痕跡が残っている。それはなぜか。工具の痕跡が無数に残る岩壁は「滑石《かっせき》」という非常にやわらかい石でできているためである。

滑石は非常にやわらかい鉱物で、容易に加工できる。鉱物の硬さは一〇段階の硬度で表示されるが、硬いほど一〇に近づく。砂岩は硬度二・五で、滑石は硬度一とされており、当然のように削る時間と残り方には差がある。ちなみにヒトの爪は硬度三程度、ダイヤモンドは最高値の硬度一〇である。このように滑石はヒトの爪でも容易に傷つけられるほど軟質である。

滑石が使用されはじめるのは古く、縄文時代にまでさかのぼる。縄文時代早期に製作された装飾品のなかには滑石製のものがある（図3）。そのほかにも加工の容易さからさまざまな石製品に利

図3 ● 滑石でつくられた玦状耳飾
福井県あわら市の桑野遺跡から出土した縄文時代早期末〜前期前葉の石製装身具で、褐色系のものが滑石製（国重要文化財）。

用された。

　その後、縄文時代前期の西北九州では、土器をつくる粘土のなかに滑石の粉末を混ぜ込むようになる（図4）。粉末状の滑石を混ぜることによって、土器の表面に光沢が出て肌触りがよくなり、また土器自体の強度が増し熱伝導率が高くなり、煮炊具として調理時間の短縮と保温性に富むという、それまでの土器の弱点を補う効果があった。

　さらに、滑石がもつ保温性の特質を最大限に活用したものとして、中世以降に登場する「温《おん》石《じゃく》」がある（図5）。温石とは一辺が五〜一〇センチ、厚さ二センチ程度の方形もしくは長方形の板状に成形された滑石で、身につけておくことで暖房や治療に利用した。現代のカイロと同様な効果があったとされる。

図4 ● 滑石を混ぜ込んだ縄文土器
上の土器表面に輝いてみえるのが滑石の粉末で、下は曽畑式土器（長崎県佐世保市の下本山岩陰遺跡出土）。

このようにヒトが旧石器時代から培ってきた石を加工してモノを製作する技術は、滑石という素材を、縄文時代にはその素材の特性を活かして土器の混和剤として利用し、平安時代末にいたって、ついにそれ自体を鍋へと変化させたのである。

2　中世の煮炊き道具・石鍋

石鍋の種類と大きさ

本書でとり上げる石鍋は、滑石という非常に軟質で保温性に富むという石の特性を利用した鍋のことである。形を大きく分けると、外側に把手《とって》も何もつくり出さない「桶《おけ》状《じょう》石鍋」と、口縁部に縦長または方形の突起を削り出した「縦耳型《たてみみがた》石鍋」、外面にグルッとまわる突起を削り出した「鍔付型《つばつきがた》石鍋」の三パターンに分けることができる（図6）。大きさは直径が一五〜三〇センチ程度、高さが一五〜二〇センチ程度で、さまざまな大きさのものがつくられた。

鍋の外面には、成形の際に使用された鉄製ノミの痕跡が規則正しく並び、内面は凹凸のない滑らかな仕上げとなっ

図5 ● 温石
滑石がよく利用された。石鍋を再加工したものも多い（広島県福山市の草戸千軒町遺跡出土、幅7.6cm）。

縦耳型石鍋（長崎県平戸市の里田原遺跡出土、径 16.8cm）

鍔付型石鍋（草戸千軒町遺跡出土、径 24.0cm）

図6 ● 石鍋の種類

初現期は桶状だが、つぎに縦に細長い把手を削り出す「縦耳型石鍋」（上）となり、12世紀ごろから羽釜状の「鍔付型石鍋」（下）へと変化する。

ている（図７）。その使用方法は現在の「鍋」や「釜」と大差はなく、遺跡で発掘される石鍋にはススがしっかりと付着していることから、何かしらの煮炊きに使われていたことは間違いない。

石鍋の価値

平安時代末期の文書に、石鍋の価値を示す資料がある。

東大寺文書　天承元年六月二日（一一三一年）

観世音寺領筑後国船越荘

未進勘文

石鍋一口　直十疋／

牛一頭　直四十疋

この文書は、奈良東大寺末寺の観世音寺領の荘園である筑後国船越庄での米年貢に代わる京都への寄進の品目を列挙したもので、そのなかで、石鍋一つが「直十疋」であるのに対して牛一頭が「直四十疋」とあるから、石鍋四個が牛一頭と同等の価値があったことになり、非常に高価なものであったことがうかがえる。これは石という素材から鍋をつくり出す手間に対する代価だけでなく、素材となる滑石を産出する地域がきわめて限定的であるため、輸送などに

図７●石鍋に残る加工の痕跡
どちらも細いノミでていねいに削り、数段に分けて整形している。左：長崎県佐世保市の門前遺跡出土の縦耳型石鍋片、右：草戸千軒町遺跡出土の鍔付型石鍋の口縁部。

よって稀少価値がついて高価になったのであろう。

滑石の産地は限定的であるものの、石鍋は古代・中世の国内に広く流通していたことが最近の発掘調査の成果から明らかとなってきており、この古代・中世の日本列島に普及した石鍋の一大生産地が長崎県の西彼杵半島だったのである。

3 「滑石の宝庫」西彼杵半島

陸の孤島とよばれた半島

日本列島の最西部、長崎県の西彼杵半島（**図8**）は、南は長崎市、北は佐世保市に接する長さ約三〇キロの半島である。東は大村湾、西は五島列島とのあいだに五島灘、さらには東シナ海へと面している。

西彼杵半島の北端には伊ノ浦瀬戸《いのうらせと》（針尾瀬戸《はりおせと》、**図9**）と早岐瀬戸《はいきせと》（**図10**）という狭い海峡があり、外海と大村湾をつなぐ海峡はこの二つのみである。伊ノ浦瀬戸は幅約三〇〇メートル、早岐瀬戸は約一〇メートルときわめて狭く、古くから干満の差によって生じる渦潮が有名である。早岐瀬戸は奈良時代に編纂された『肥前国風土記』に「速来門《はやきのと》」と記されている地で、干満の差によって生じる滝のようにみえる潮の落差が、雷のような音とともに発生すると描写されている。

この二つの海峡は、江戸時代には吉田松陰や伊能忠敬《いのうただたか》、司馬江漢《しばこうかん》などが舟で通行しているこ

◀図8●西彼杵半島とホゲット石鍋製作遺跡
半島東側の大村湾は比較的おだやかだが、西側は東シナ海に面し、海岸線は険しい崖が発達し、浦々に小さな集落が点在する。

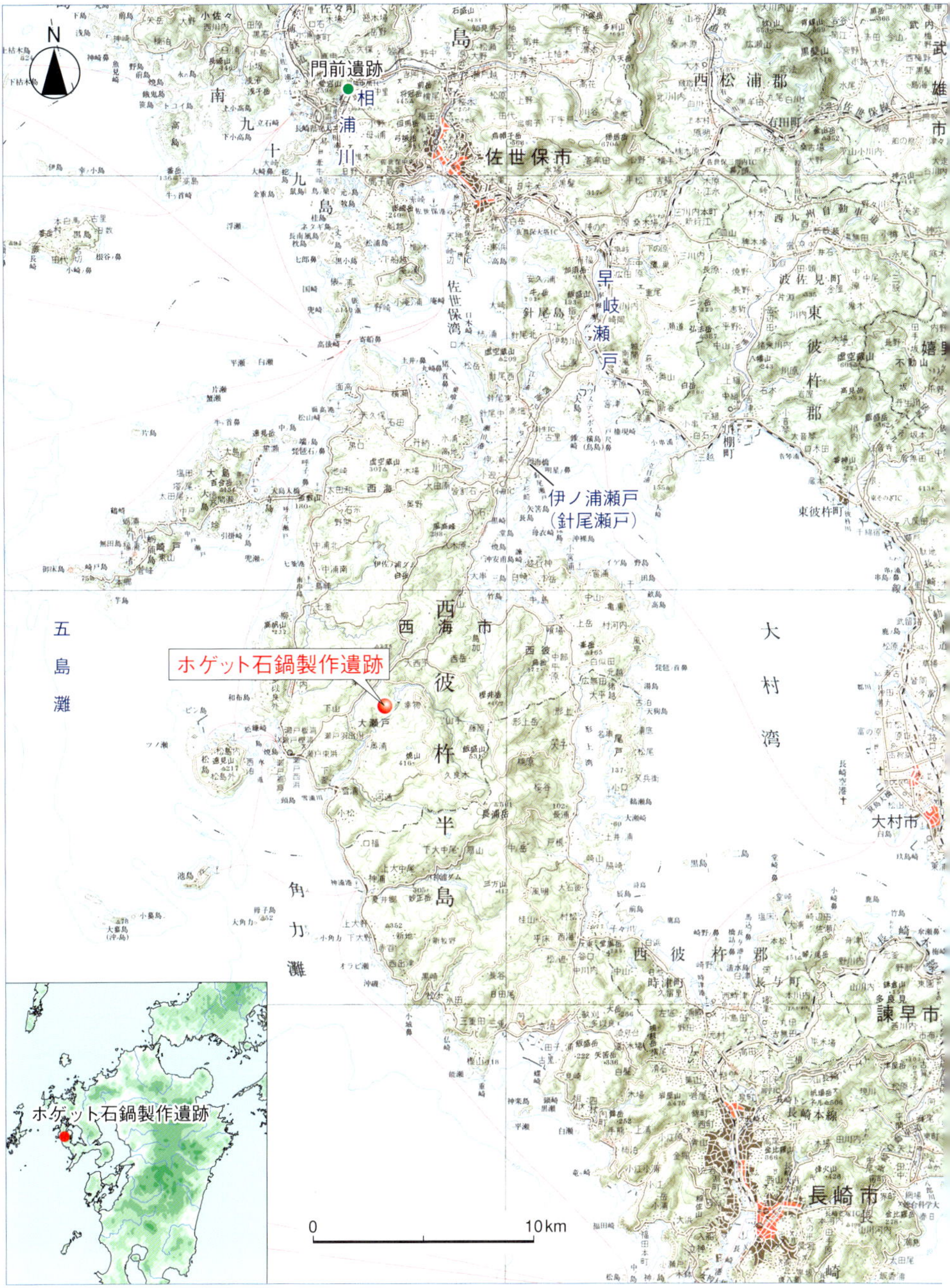
N
門前遺跡
相浦川
佐世保市
西松浦郡
南九十九島
佐世保湾
早岐瀬戸
針尾島
伊ノ浦瀬戸
（針尾瀬戸）
東彼杵郡
東彼杵町
五島灘
西海市
西彼杵半島
ホゲット石鍋製作遺跡
大村湾
大村市
角力灘
西彼杵郡
諫早市
長崎市
0
10km
ホゲット石鍋製作遺跡

とがさまざまな史料に残っている。現在も春には伊ノ浦瀬戸周辺で観潮会が開催されている。

さて、今回の舞台となる西彼杵半島の中央には標高四〇〇〜五〇〇メートルの山地が南北に走り、それから派生する河川は海岸線までの距離が短く、川幅も狭小で、平野部はほとんどない。海岸線も断崖となっていることが多く、各集落は海岸線の一部にみられる砂洲などの狭い平坦部に点在している。これらの集落をつなぐ道路網は近年まで未発達で、古くは河川沿いの道路しかなかったため、各集落間および他地域との交流は困難をきわめ、「陸の孤島」とよばれていた。

ただし、近代の交通網の整備以前は、この地域の主要交通手段は船であり、大村湾や外海を舞台に活発にヒトとモノが移動しており、「陸の孤島」とは近代以降によばれるようになったものかもしれない。しかし、「陸の孤島」であったために、山地が広がる半島は大規模な開発をまぬがれ、石鍋製作遺跡は人びとから忘れ去られた状態で良好に残されることとなったといえる。

図9 ● 伊ノ浦瀬戸
現在は西海橋が架橋されているが、以前は瀬渡舟で往来していた。橋下は急流で渦潮が有名。

なぜ西彼杵半島は滑石が多いのか

長崎県西彼杵半島になぜ石鍋製作所跡が分布するのか。また規模は小さく数も少ないながらも、福岡県や山口県でも石鍋製作所跡は確認されている。地図上では遠く離れた地に点在しているように感じられるが、じつは地質学からみると必然的で、数億年前にダイナミックに形成された変成岩《へんせいがん》に起因するところが大きい。

西彼杵半島の大地を形成する岩石のなかで、もっとも古いものは「長崎変成岩」とよばれる。変成岩とは、火成岩や堆積岩が地殻内部の高温や高圧のもとで、個体のまま鉱物の組み合わせや岩石のつくりを変えて、他の岩石になったものである。

長崎変成岩は、古生代（五億四二〇〇万年～二億五一〇〇万年前）の海底に厚く積み重なった泥や海底火山の噴出物が、その後ジュラ紀～白亜紀（約二億～六六〇〇万年前）にかけての地殻変動（造山運動）によって強い圧力と温度の影響を受け、おもに結晶片岩《けっしょうへんがん》に変成したものといわれている。

そして西彼杵半島が属する長崎変成岩類のおもな岩石

図10 ● 早岐瀬戸
『肥前国風土記』にも記載されている瀬戸。通過するために潮待ちしなければならず、人が集まり、古代から市が開かれていた。

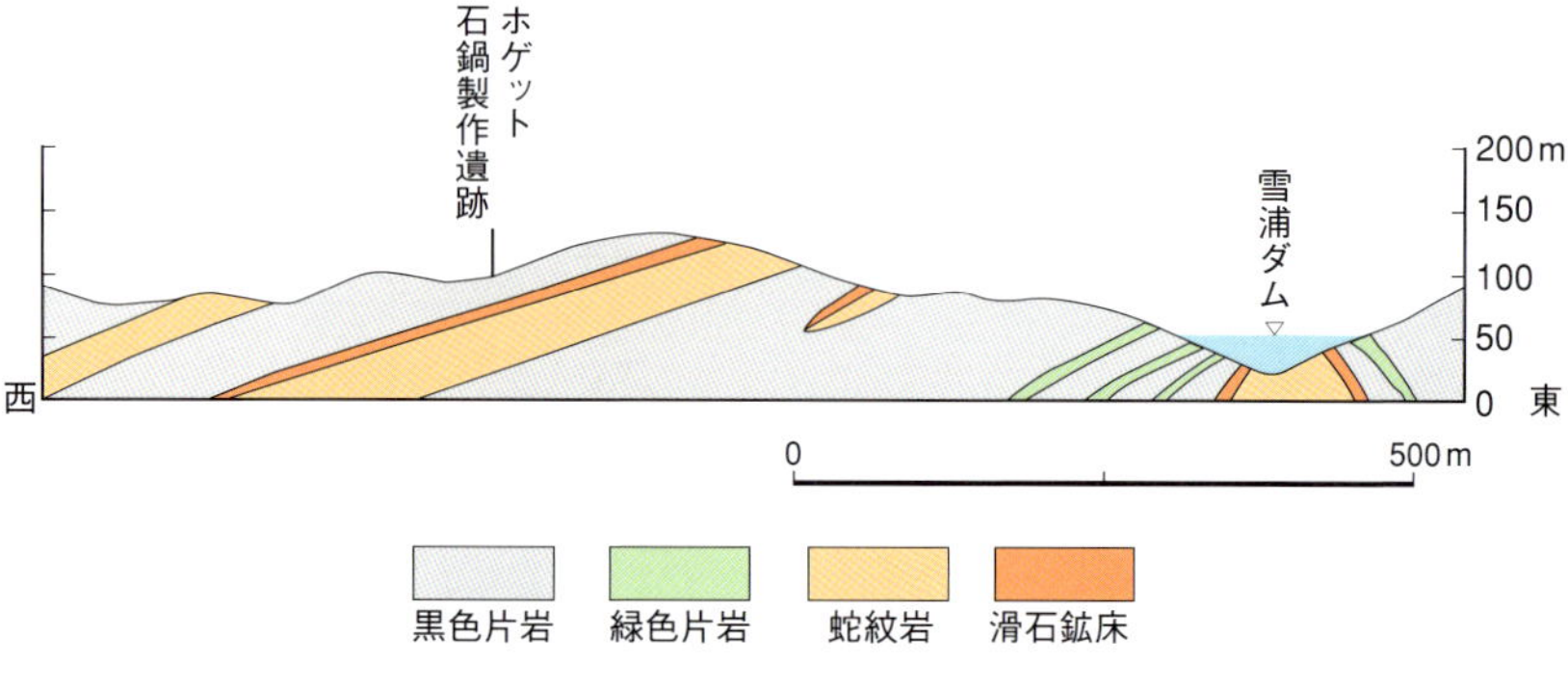

ホゲット遺跡および雪浦ダム付近地質断面図

図 11 • 西彼杵半島の蛇紋岩の分布と滑石層の断面図

上：半島の北部を中心に蛇紋岩が帯状に広がっている。下：各岩石が斜位に形成され、圧力によって隆起した様子がうかがえる。片岩のあいだに貫入した蛇紋岩の周縁部に滑石層が生成した。

である結晶片岩中には、蛇紋岩《じゃもんがん》が貫入して、一メートル〜一キロの層状岩脈をかたちづくっている。この蛇紋岩の周縁部に石鍋の素材となった滑石が生成されたのである（西彼杵型滑石鉱床とよばれている）。

とくに蛇紋岩の鉱床帯は西彼杵半島北部に密集し、北東〜南西を主軸として幾重にも並走し、石鍋製作所跡は滑石鉱床上、またはその近隣に分布している（**図11**）。その標高には規則性はなく、滑石鉱床が変成を受けた際の地殻変動がいかに大きいものであったかをうかがい知ることができる。

このように蛇紋岩に近い場所に滑石が生成され、長崎県だけではなく、佐賀県や福岡県にも滑石は存在している。佐賀県や福岡県の滑石は、蛇紋岩がマグマの熱を受けて変成したものであるが、西彼杵半島の滑石は地殻プレートの沈み込みにともなう高圧に影響を受けたものと考えられ、蛇紋岩中の物質

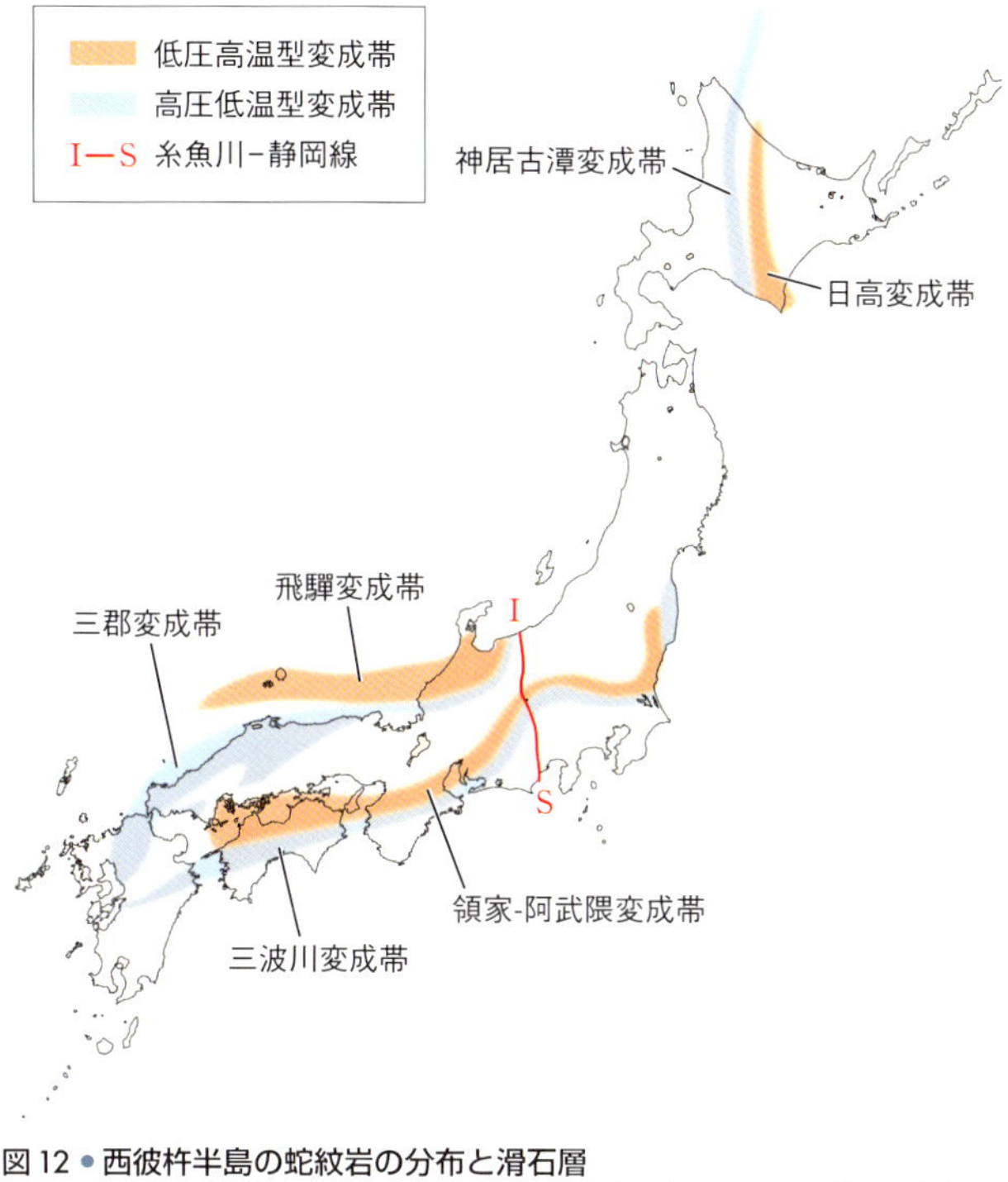

図 12 ● 西彼杵半島の蛇紋岩の分布と滑石層
三郡変成帯に属する西彼杵半島・福岡・山口では石鍋製作所跡が確認できるが、その他の変成帯では確認されていない。

が近くにあった結晶片岩中に移動したことで形成されたものと考えられている。

なお、この長崎変成岩類は、列島規模でみると「三郡《さんぐん》変成帯」と「三波川《さんばがわ》変成帯」という二つの分布帯に属する。福岡県・山口県で確認された石鍋製作所跡はこの変成帯にあることから、西日本に点在する製作所跡は距離こそ遠く離れているが、同一の変成岩帯中に属する（**図12**）。

このように石鍋の原料である滑石は、西彼杵半島にベルト状に展開し、滑石鉱床の密集度合が高く鉱床自体が地表へ露出している割合が多いことなどから、古代・中世の人びとが石鍋を製作するにはもっとも適した地であったのである。

なお滑石は、江戸時代以降、粉末を目薬として使用したほか、明治時代以降はベビーパウダーや光沢紙、瓦化粧材などに利用され、私たちの生活の中で静かにその役割をはたしていた。

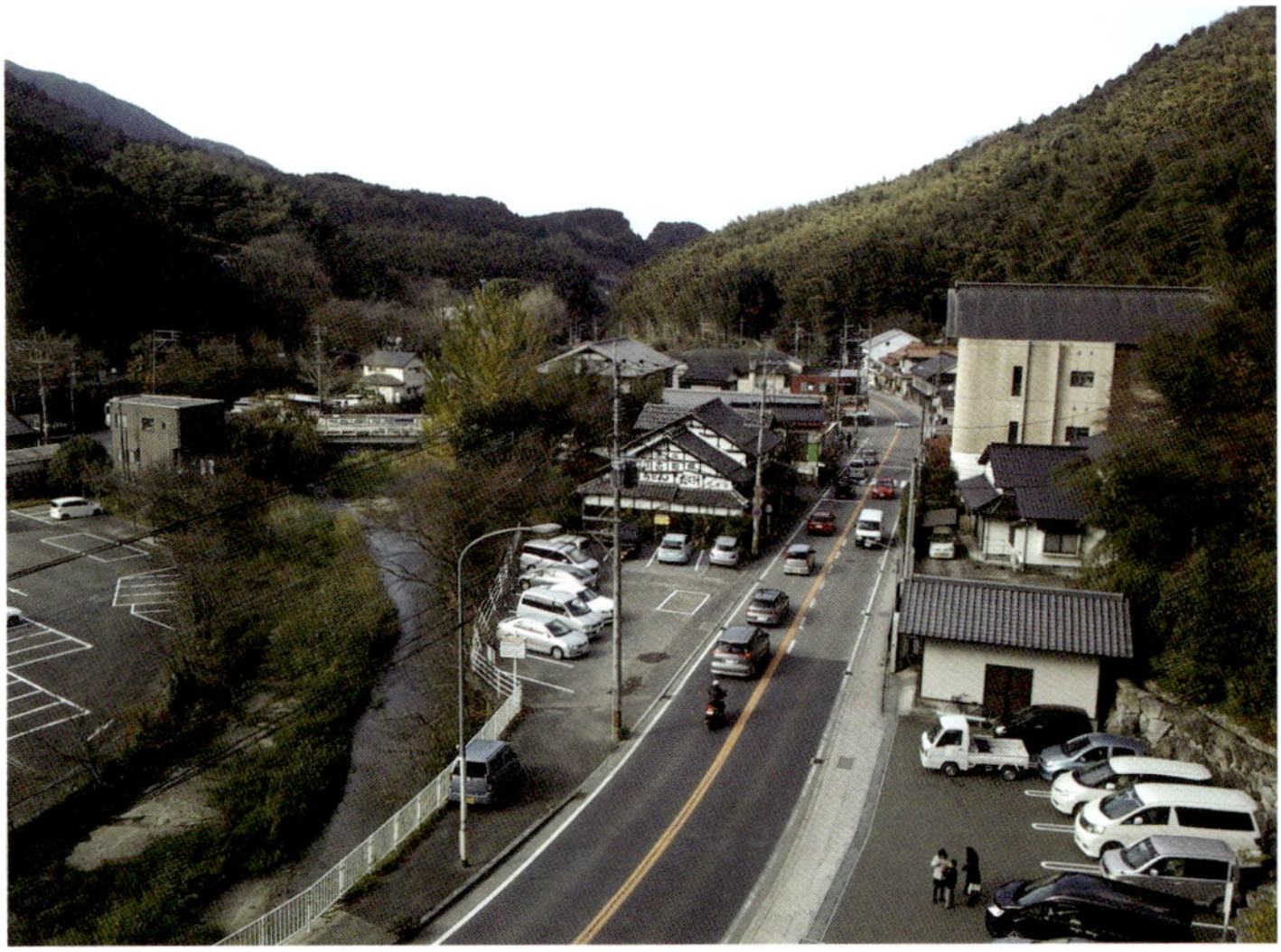

図13 ● 福岡県篠栗町に残る目薬（眼療）宿場の面影
滑石は江戸時代に目薬の原料として産出された。福岡市の東側に位置する篠栗町には、かつてその目薬を使用して目の治療をした宿場があり、今もそのころの建物がわずかに残り、土産物屋として利用されている。

第２章　ホゲット石鍋製作遺跡

1　石鍋を追った先人たち

研究のはじまり

石鍋への学問的関心は、一八八六年（明治一九）、藤井忠が雪浦村河通郷《ゆきのうらむらごうつうごう》（現・長崎県西海《さいかい》市大瀬戸町《おおせとちょう》河通）の山中で採集した石鍋を『東京人類學會』に紹介したことに端を発する。その後、「東洋日の出新聞」でもとり上げられるなど、石鍋への関心が少しずつ高まりはじめる。ただし、石鍋研究の黎明期であり、河通川流域を中心として採集された石鍋は、石器時代に製作されたものと考えられていた。

一九〇〇年代に入ると、石鍋の発見報告に加え、石鍋の用途や製作についても目がむけられるようになる。一九一五年（大正四）に、当時京都帝国大学の専任講師であった歴史学者の喜《き》田貞吉《たさだきち》が「鍋」と「釜」の用途を整理し、鍋は炉、釜は竈《かまど》で使用されると考察している。また、翌年には国学者で考古学にも関心をもっていた江藤正澄《まさずみ》が、石鍋に複数の孔が開けられていることに注目して、石鍋は強《こわ》飯《めし》をつくるのに使用されたと推察している（図14）。いずれも鍋としての機能を考察するとともに、その調理様式から古代以降に製作されたと考えていたことがうかがい知れる。

生産地遺跡を求めて山中へ

石鍋製作所跡が本格的に調査されたのは、一九二四年（大正一三）七月、長崎考古学会員の八重津輝勝《やえつてるかつ》によるものが最初とされている。

八重津は、大瀬戸町雪浦にある春山頂上付近の石鍋製作所跡を調査し、頂上付近で二カ所の製作所跡を発見し、春山第一洞と第二洞と命名した（図15）。第一洞は巨大な岩壁に幅一メートル、高さ三〜四メートル、深さ約一〇メートルの溝がうがたれ、第二洞は幅一・八メートル、高さ四〜五メートル、深さ約四〇メートルの溝と報告している。八重津は「石鍋製作の設計及び技術は常に母岩から経済を顧慮して施されたる如し」というように、壁面に残る製作痕を詳

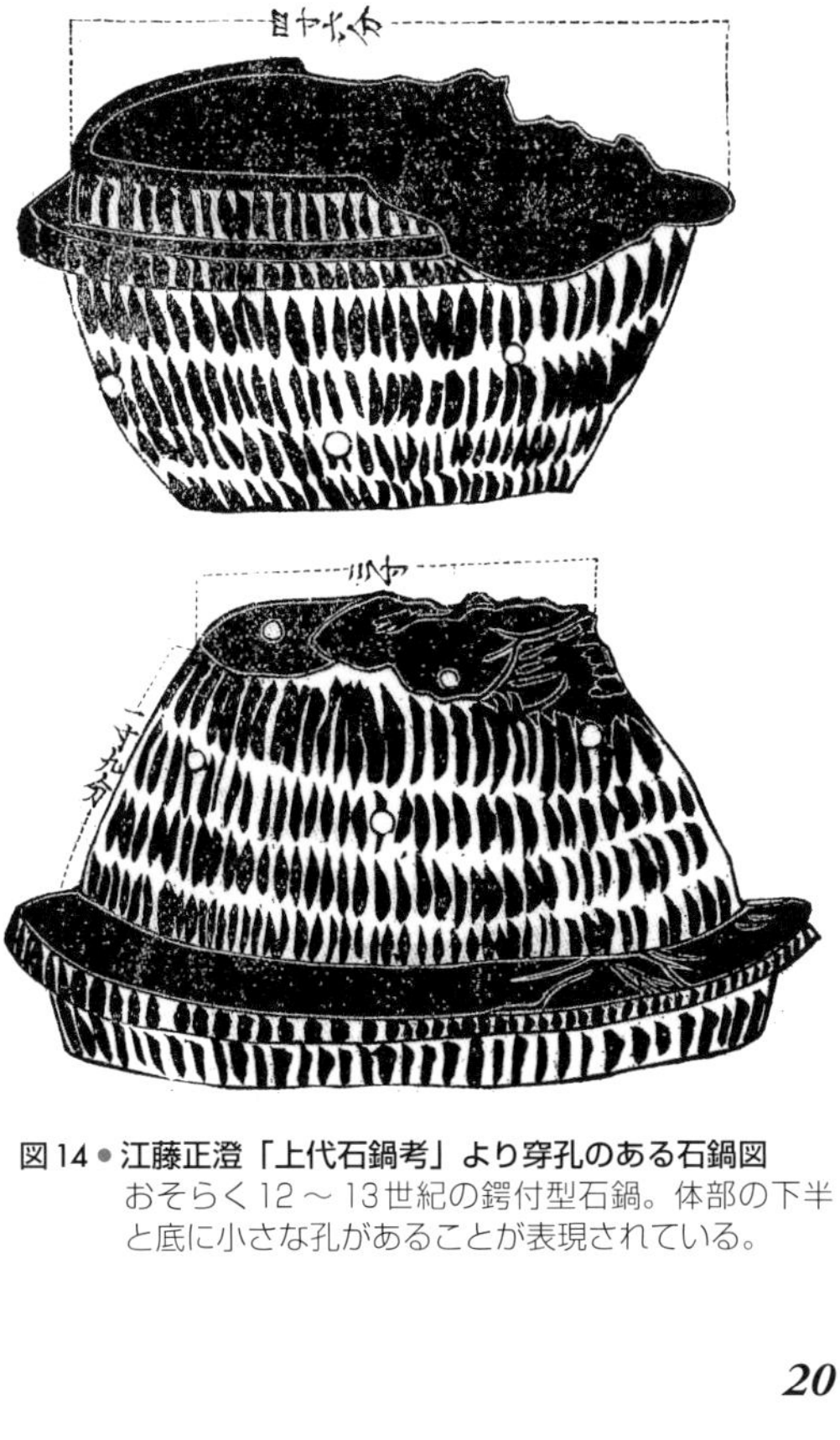

図14●江藤正澄「上代石鍋考」より穿孔のある石鍋図
おそらく12〜13世紀の鍔付型石鍋。体部の下半と底に小さな孔があることが表現されている。

細に観察している。

さらに同年一二月には同じく長崎考古学会員の内山芳郎も同製作所跡を調査し、第一・二洞を追認するとともに、そのほかにも大規模な製作所跡があることを報告している。

この八重津・内山二人が踏査した春山の石鍋製作所跡は、現在、「目一つ坊石鍋製作遺跡」として長崎県遺跡地図に記載されている（図19参照）。

そのほか、戦前には田淵榮蔵・津田繁二が、長崎県内を中心とした石鍋の出土遺跡および散布地を紹介している。

石鍋研究の進展

こうした戦前に蓄積された石鍋の基礎資料をもとに、戦後、高度経済成長にともなう発掘調査の増加が契機となり、消費地遺跡の研究成果が急激に進展していく。

一九六〇年、鏡山猛《かがみやまたけし》は、福岡県山門《やまと》郡（現在の

図15 ● 春山石鍋製作所跡
本格的な現地調査ではじめて石鍋製作所と確認できた場所。写っているのは、内山芳郎とともに調査をおこなった地元小学校長の音丸順太郎。

柳川市・みやま市周辺）の八遺跡の発掘調査において、庄園村落とされる遺跡からの出土物を整理し、土師器・須恵器・青白磁とともに石鍋が出土することを指摘した。

また、鏡山は仁和寺・東大寺文書にみられる石鍋について考察し、石鍋が使用された時期を平安時代末期から鎌倉時代と位置づけた。これは石鍋が使用された時期を具体的かつ限定的に指摘した初例であろう。

その後、本書でとり上げるホゲット遺跡を最初に調査した下川達彌《たつや》は、これまでの研究成果をまとめ、「岩壁面に枡形《ますがた》の区画線を引き、それから合理的に産出された」と述べ、石鍋製作の際には規格の割り付けをし、量産するための工夫がなされていたことを明らかにした（図16）。また、文献資料から石鍋に甘葛煎《あまずらせん》や酒を入れて使用されていたことを指摘し、石鍋の製作技法と使用目的の両観点で、現在まで続く石鍋研究の礎を築いた。

図16 ● 区画線が残る製作所跡
40〜50㎝程度の方形に区画されている。区画線は細い釘状のもので引いたようである。

2　山中に広がる製作所跡

静寂の工房跡

長崎・佐世保両市内から車で約一時間も走ると、山地と海が織りなす風光明媚な光景へとかわり、西彼杵半島のなかではめずらしく河口に砂浜がある雪浦川へとたどり着く（図17）。さらに古代・中世に製作された石鍋が運ばれたであろうと想像がつくこの雪浦川を車でさかのぼること約一〇分、看板をたよりにホゲット遺跡が眠る山の麓へ着く（旧西彼杵郡大瀬戸町奥浦郷、現・西海市大瀬戸町）。だが、目の前に広がる山中は、石鍋の生産地が幾重にもあるとは想像すらできない普通の山である。

車を降り、歩いて一〇分もすると、足元に滑石の破片がびっしりと積み重なり、目線を上げると約一〇〇〇年前に工人が汗水を流した石鍋製作所跡がひっそりとその姿をあらわす（図18）。そこ

図17 ● 雪浦川の河口付近
この流域には多くの石鍋製作所跡が確認されている。
重い石鍋の運搬には水路・海路が重要であった。

は市街地の喧騒からはかけ離れ、一〇〇〇年前へとタイムスリップしてしまったかと疑うほどの静寂の地である。

「ホゲット」とはこのあたりの地名だが、当地域の方言で穴があくまたは穴をあけることを「ホゲル・ホガス」といい、同じく穴または洞のことを「トウ・ツウ」とよぶ。これらの二つの語が組み合わされて「ホゲット」とよばれるようになったと考えられている。また、ホゲット遺跡の上流部には「マブノクチ」という地名が残っているが、「マブノクチ」の「マブ」とは鉱山で採掘坑のことをさす。このように「ホゲット」「マブノクチ」は鉱山・採掘にかかわる言葉で、いつごろからよばれたかは不明であるが、石鍋製作から自然発生的に使用されはじめたのだろう。

発見、そして調査へ

ホゲット遺跡は、一九七〇年、滑石採掘業者が

図18 ● ホゲット遺跡のある山中
地面に重なっているのが滑石の破片。製作所跡の北側を流れる沢で、水深は浅い。こうした沢沿いに山道が発達しており、牛・馬を利用して石鍋を運び出したと考えられる。

偶然、発見した。滑石採掘業者が山中で採掘していた坑道の一つが古い坑道にぶつかり、その坑道内の水底で木製の工具をみつけた。発見当時、西彼杵半島の山中には滑石採掘業者は一社しか存在していなかった。

偶然発見されたこれらの木製工具は、長崎県立美術博物館に勤務していた下川のもとへ持ち込まれ、観察の結果、大量の滑石粉末が表面に付着していることがわかった。そこから下川は、木製工具がみつかった山中で岩壁に残る石鍋製作痕を観察し、発見された木製工具が石鍋製作に使用されたものであると推定したのである。

図 19 • ホゲット遺跡と周辺遺跡
●は石鍋製作所跡、●はその他の遺跡。雪浦川周辺には石鍋製作所跡のほか、縄文時代からの遺跡が点在する。しかし、石鍋製作にかかわった職人の痕跡はみつかっていない。

発見された木製工具は、スコップ・クワ・カケヤ（大型の槌の頭）の三点で（図20）、鉄製具のとりつけ跡は認められない。おそらくスコップとクワは、石鍋を製作したときに出た砕石をかきだすのに使用し、カケヤは通路や作業場における杭の打設に使われたものと思われる。

現在、多くの石鍋製作遺跡が確認されているにもかかわらず、後にも先にも石鍋製作に使用された木製工具は、このホゲット遺跡のもの以外に出土・発見報告はなく、きわめて重要な出土遺物である。

こうして日本最西端の地において、石鍋製作所跡の発見と研究の進展にともなって全面的な調査の機運が高まり、一九七九年に大瀬戸町（現・西海市）教育委員会が主体となって、町内における石鍋製作遺跡の詳細分布調査をおこない、一九八一年にはホゲット遺跡は国史跡へと指定された。

図20 ● 発見された木製工具
上から、カケヤ（大型の槌の頭）・クワ・スコップ。表面に白くみえるのは滑石の粉で、石鍋製作に使用された証拠である。

広範囲にわたる工房跡

　ホゲット遺跡は標高約一一七メートルの山塊頂上部付近にある。山塊のすぐ南には西彼杵半島の中央を縦走する山地に端を発する雪浦川が南流し、峻立した渓谷を形成している。工房跡が点在する頂上部の東から北側は比較的ゆるやかな傾斜地で、標高約六〇〜一一五メートルのあいだに一一地点の工房跡が知られている（**図21**）。

　滑石の採掘には、大きく分けてつぎの三つの形態がある。

①滑石の露頭岩の壁面を採掘したもの

②岩塊中の滑石部分をさぐって採掘し、結果として

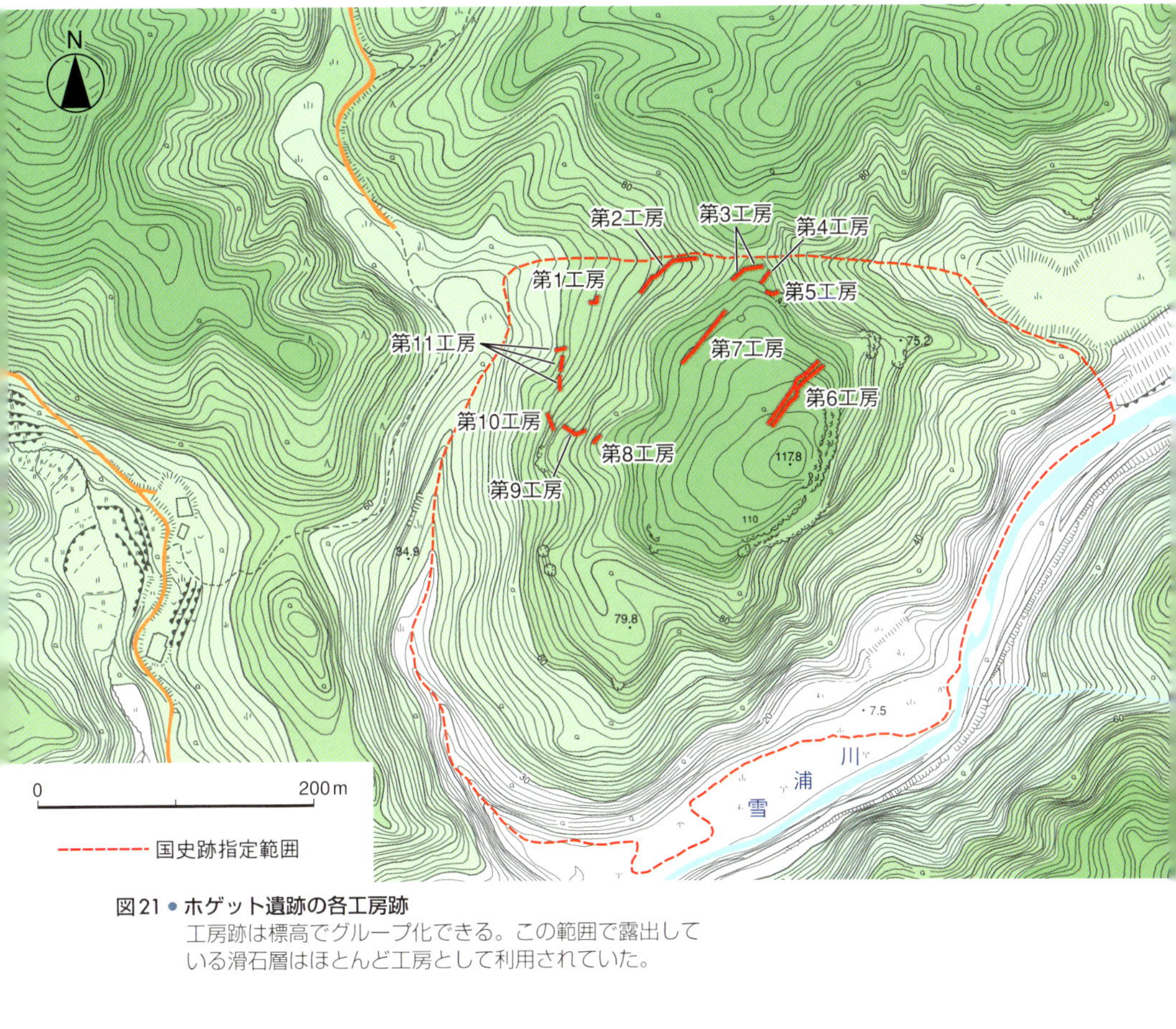

図21 ● ホゲット遺跡の各工房跡
工房跡は標高でグループ化できる。この範囲で露出している滑石層はほとんど工房として利用されていた。

クレバス状を呈するもの

③鉱山の坑道ようにトンネル形状を呈するもの

ホゲット遺跡では、これらすべての形態をみることができる。

これら石鍋を採掘した壁面には、石鍋製作途中の瘤状の塊が残っているものや、石鍋をとりはずした後のクレーターのようなくぼみが多く残っている。また、その一つひとつに石鍋製作に使用した鉄製と思われる工具の痕（ノミ痕、**図22**）も多く確認できる。以下、各工房をみていこう。

第1工房跡（図23）

標高の低い場所のゆるやかに立ち上がる岩壁面を利用した工房。石鍋の粗型を削り出すために、約四〇×四五センチの碁盤の目状に溝を掘って区割りしている。最終的には約二七センチの立方体を産出したと想定される。

図22 ● 岩に残る工具痕
壁面に残る荒々しいノミの痕跡。ノミの幅は5～6cmで、石鍋の整形に使用したものよりも幅広のものが多い。

この工房跡は、滑石の岩脈が屈曲する先端部にあたり、その露出した部分のみを利用していることから、生産可能な範囲がきわめて限定的で、活発に製作していないようである。

第２工房跡（図24）

高さ二メートルの岩脈が斜面に沿って約五〇メートルにもわたってつづいている。岩壁面には無数の石鍋の粗型が完成することなく放置されている。また、岩壁面の前面には、壁面と並行して幅約四メートルの溝状の窪地が残っており、石鍋を切り出す際の作業場であったと考えられる。この窪地をはさんだ反対側の斜面には、石鍋を成形する際に排出された「ズリ」とよばれる滑石砕片が大量に廃棄されている。

第３工房跡（図25）

直角に近い角度で岩壁面が峻立して、地表面か

図23 ● 第１工房跡
おおよそ2mの範囲で複数の石鍋を剝ぎとっている。一人が手を広げた範囲が一つの製作範囲だったのかもしれない。

ら約三メートルの高さがある。この工房跡も滑石の露頭部分は長いが、岩壁面の全面を利用せず、一定の間隔をおいた小ブロックごとに石鍋を削り出している。小ブロック内に認められる石鍋を削り出すための割り付けは、一辺約三〇センチの方形である。現在は雑木やシダが生い茂り土砂も厚く堆積して判然としないが、ほぼ同標高でつづく第4・5工房跡と一連のものである可能性が高い。

第4工房跡（図26）

高さ二・五メートルの岩壁面が残っているが、滑石層をほとんど削りつくしているため、露頭している岩壁面のほとんどは滑石層の奥にあった蛇紋岩となっている。わずかに残る滑石層も九センチほどの薄さだ。最終的に、石鍋製作を途中で断念したか、もしくは粗悪品しか剝ぎとることができなかったのかもしれない。

図24 ● 第2工房跡
右端に石鍋の剝ぎ残しがある。壁面のほとんどは平坦に仕上げてあり、つぎの製作にむけて準備しているかのようにみえる。

図25 • 第３工房跡
中央よりやや左下に、方形の割り付けが残っている。縦耳型石鍋を製作していた古い時期のものと思われる。

図26 • 第４工房跡
石鍋を剝ぎとった痕跡が所狭しと残っているが、後ろに控える滑石層はすでに薄く、平坦に仕上げてつぎの剝ぎとり作業に入ることなく放置している。

第5工房跡（図27）

岩壁面に多くのノミ痕が認められるが、ここで特徴的なのは、坑道掘りの跡が残っていることだ。今では往時の様子をとどめていないが、坑道の奥から吹いてくる風がどこか不気味さを漂わせている。坑道と思われる部分にはノミ痕はなく、さらに入口奥は土砂の流入により侵入することができず、詳細は不明である。

坑道掘りは、岩壁面から滑石層のみを探求しながら石鍋を削り出していくため、その坑道は直線的になるものばかりでなく、屈曲するなど不定形となることも多い。時には、作業の安全性を考慮したとはとうてい考えられないような形状となっているものまであり、ひたすら滑石層のみを追って製作しつづけた工人の執念を感じる。

第6工房跡（図1・2・28〜30）

本書冒頭でふれた工房跡で、ホゲット遺跡で確

図27 ● 第5工房の坑道跡
手前に坑道につながると思われる入口がみえる。
壁面は石鍋の剝ぎとり痕が比較的少ない。

認されている一一の工房跡のなかでもっとも標高が高く、最大の規模である。現在、地表から高さ約四メートルの岩壁面が長さ六〇メートルも続いている。しかも、それと向き合うように並行してもう一条の岩壁面があり、まさに「大地の裂け目」といった景観をなしている。蛇紋岩の岩盤に垂直に近いかたちで貫入している滑石層を、上から掘り下げていったようだ。

この工房跡はほかの工房跡と比較して良好な状態を維持し、規模も最大であることから発掘調査された。発掘調査では、岩壁面にみられる石鍋製作の痕跡が、現在の地表下どこまでつづくのか確認することを目的として、岩壁のあいだに長さ五メートル、幅一メートルの試掘溝を設定し掘り下げていった。最終的に地表下三メートルまで掘削したが、堆積土が軟弱であることに加え、もっとも深い地点で大石群へと変わり、調査が続行不能となり、どこまでつづくのかは明らかにできなか

図28 • 第6工房跡
石鍋の剝ぎとり痕が連続し、ほかの工房にくらべてその密度はきわめて高い。

ったが、当時の採掘の様子を知る大きな成果がえられている。

試掘溝ではⅠ～Ⅴの五層にわたる堆積土層を確認し、大きく三つの画期に分けることができた。

Ⅰ・Ⅱ層は石鍋製作以降に堆積したもので、そのⅡ層最下面でたき火跡を検出した。黒ずんだ土層が直径約一・二メートルの半円形に広がっていて、その中央にある炭化物の堆積状況から、ごく短時間のうちに四回にわたってたき火をしたことが判明している。残った炭化物の年代測定から一〇三五年（前後七〇年）と九八〇年（前後一〇〇年）との結果が出ている。つまり、西暦一〇〇〇年前後にこの工房で石鍋が製作されていたことが科学的に証明されたのである。

Ⅲ・Ⅳ層は多量の石鍋未成品などを含んでいることから石鍋製作の最盛期といえる。

Ⅴ層は一時期に堆積した岩石類が主体となっており、製作前に壁面を平坦に整形した際に排

図29●第6工房の調査
右の壁面に沿って発掘調査している。写真奥の帽子をかぶっているのが下川達彌。

出したものである可能性が示されている。

第7工房跡（図31）

もっとも高い部分で約五メートルもある岩脈が、山の斜面に直行して長さ約五〇メートルもつづいている。岩壁面には方形や円形の石鍋の剝ぎとり痕があちらこちらに刻まれている。

この工房跡の特徴は、石鍋を剝ぎとった後の壁面をノミで平坦に整形している点である。そうして平坦にした壁面から再度石鍋を製作している様子が観

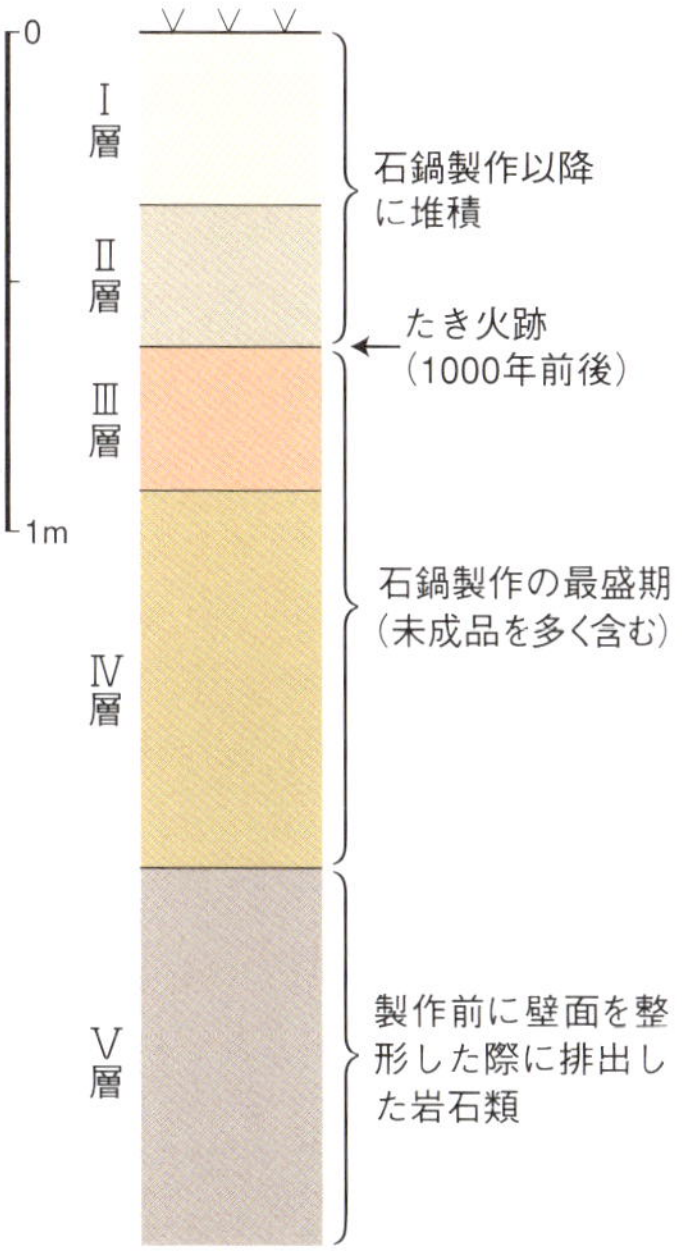

図30 • 第6工房の堆積土層図（上）とⅡ層下面のたき火跡（下）
発掘調査でみつかったたき火の炭の分析から、10世紀末～11世紀前半のものであることが判明した。

察できる。平坦に整形することで、つぎに製作する際のロスをなくす工人の工夫であったと考えられる。

第8工房跡（図32）

第6・7工房と異なり、山の西側斜面にある。高さ一メートル未満の岩脈が直線的に露頭しているが、その大部分は蛇紋岩であり、滑石層は連続せず断片的である。現在、確認できる滑石層の厚さは一〇～二〇センチ程度しかないが、周辺に散布しているズリの堆積状況から推定すると、当初は比較的滑石層は厚く、相当な量の石鍋を産出できたと考えられる。

第9工房跡（図33）

第8工房跡の一〇メートル下にある。岩脈は大きく屈曲しており、その岩脈の端部に剝ぎとり痕がある。当工房跡では、それぞれの剝ぎとり痕が

図31 ● 第7工房跡
手前に石鍋を剝ぎとるための円形と方形の割り付けがある。壁面全面をていねいに平坦に仕上げている。

図32 ● 第 8 工房跡
現在は地表にみえる岩塊はわずかであるが、
地中に大部分が埋没していると思われる。

図33 ● 第 9 工房跡
壁面には縦・横方向に加え、放射状の工具痕が
残っている。工人の努力の跡がみられる。

図34 ● 第10工房跡
円形の割り付けが多くみられる。その直径は他の工房にくらべて若干小さい。

図35 ● 第11工房跡
方形の割り付けが列をなして整然と並んでいる。規格的に割り付け、効率的に剝ぎとったことがわかる。

密集し、粗型の大きさを計測できないほど幾重にも剝ぎとっている。岩壁面に残るノミ幅は約六センチに達しており、比較的幅広のノミを使用していたことがわかる。

第10工房跡（図34）

第8・9工房と連なると考えられる岩脈のうちでもっとも標高が低い場所に位置している。岩壁面は山の斜面と並行してゆるやかに降り、その裾部は峻立する。詳細分布調査の際には、斜面部分の一帯でも剝ぎとり痕が観察されているが、現在では土砂が厚く堆積していて確認できない。石鍋の粗型は二〇センチ程度と三〇センチ程度の二グループに分かれ、第9工房と同様に幅約六センチのノミ痕が残る。

第11工房跡（図35）

第1工房跡と第10工房跡のあいだに位置し、標

図36 ● 山中に残された石鍋の未成品
製作中に失敗したものが廃棄されているが、それらを観察すると、製作工程の復元が可能になる。

高差約一〇メートルにわたる延長線上に三地点の工房が確認できるが、連続する岩脈を利用していることから一連の工房跡である。岩壁面の利用と坑道掘りの二つの方法により石鍋を産出したとされている。それぞれの岩壁面に残る剥ぎとり痕は方形や円形のものであり、前面に堆積しているズリの状況とあわせて、石鍋を製作した製作地点の変遷を追うことができる。

半島全部が製作所跡

以上、ホゲット遺跡をくわしくみてきたが、現在までのところ、長崎県内で七六カ所の製作所跡が確認されており、そのうち西彼杵半島以外の製作所跡は四カ所にすぎない。七二もの製作所跡が確認されている西彼杵半島は、その分布に偏りがみられるものの、まさに「半島全部が製作所跡」といっても過言ではない。それにもかかわらず、長崎県内において発掘をともなう詳細調査は、ホ

図37 ● 下茅場遺跡の移設遺構
一つの工房跡をそのまま移築してある。市のシンボルの一つとして活用されている。

ゲット遺跡を含む二件にすぎない。数少ない調査がおこなわれたもう一例を簡単に紹介したい。西彼杵半島の北部に位置する西海市西彼《せいひ》町のなかで、大村湾に注ぐ綿打《わたうち》川の源流となる二つの小河川にはさまれた標高約二〇〇メートルの山林に、下茅場石鍋製作遺跡（以下、下茅場遺跡）がある。遺跡内に広域農道整備が計画されたことを契機に、遺構が確認された七つの地点について、一九九六年に記録保存調査がおこなわれた。

その結果、遺跡の重要性を再認識することとなり、広域農道の設計変更で五地点が現状保存されることになった。残る二地点は西彼町民総合体育館前に移築され、石鍋に関する市民の理解を深めることに一役買っている（図37）。

3　他地域の製作所跡

すでにふれたように西彼杵半島以外にも福岡県や山口県に石鍋製作所跡が存在する（図38）。福岡県では篠栗《ささぐり》町の南蔵院《なんぞういん》石鍋製作跡や久山《ひさやま》町の首羅山《しゅらさん》石鍋製作跡、また大牟田《おおむた》市の湯谷や飯塚市の八木山峠周辺において古くから石鍋の製作所跡の存在が確認されていたが、現在では後者の二遺跡は消滅し不明である。また山口県下では、瀬戸内海に面する宇部市に製作所が集中してあり、宇部市の上宇部北迫《かみうべきたさこ》石鍋製造跡、下請川《しもうけがわ》南遺跡、上請川遺跡、高嶺石鍋製造址の四遺跡が確認されている。

南蔵院石鍋製作跡（福岡県篠栗町、図39）

製作所跡がある篠栗南蔵院は鉾立山（六六三メートル）と若杉山（六八一メートル）にはさまれた狭小な谷地にあり、篠栗新四国八十八所霊場総本山として信仰されている。江戸時代には、当該地の滑石は目薬の原料として大量に産出され、現在でも目薬（眼療）宿場としての面影が残っている（図13参照）。

工房跡は霊場内の二カ所で確認されている。第1地点は不動の滝横にある一〇メートルを超える岩塊であり、直径三〇センチの円形の剝ぎとり痕が認められる。第2地点は参拝道沿いにある幅七メートル、高さ四メートルほどの転石が利用されており、八個体以上の円形の剝ぎとり痕が確認できる。

この第2地点の岩塊には径一センチほどの孔が円形に配されており、岩塊より石鍋を採取する際の「目」としてうがたれた可能性が指摘されてい

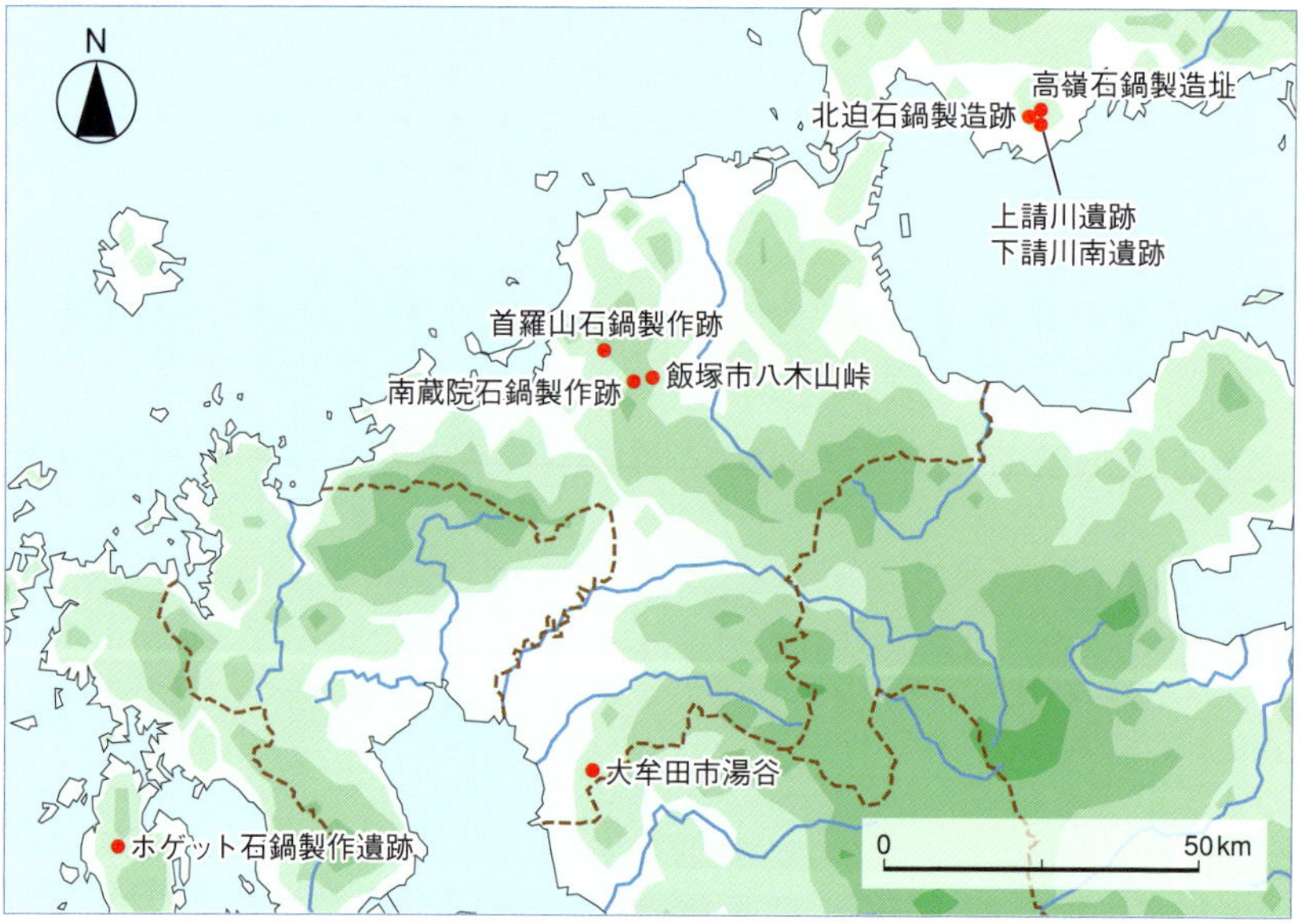

図38●石鍋製作所の分布
福岡平野や有明海の西側に製作所が点在する。これらの周辺では、多くの石鍋未成品が採集されている。

る。この「目」はホゲット遺跡でも確認でき、おそらく石鍋の素材となる滑石が岩塊のなかにどれくらい控えているかを確かめるためのテストピット（試掘穴）とも推測される。

当製作所跡は、周辺で確認されている石鍋（未成品を含む）を分析した結果、おおむね九世紀後半〜一三世紀前半に稼働し、その供給先としては広範囲に流通するものではなく、山麓に広がる限定的な生活圏への供給であったことが想定されている。

首羅山石鍋製作跡（福岡県久山町、図40）

玄界灘に面する福岡平野の東側にある白山（標高二八九メートル）にある。ここは鎌倉時代の山岳寺院であり、当時の伽藍配置がそのまま現存す

図39●南蔵院石鍋製作跡（下）とテストピット（上）
下：不動明王像の左下に大小二つの石鍋の剥ぎとり痕が確認できる。
上：第2地点には円形に配された複数の小さな孔がうかがたれている。
ここの石鍋も沢を利用して運び出されたと思われる。

る稀有な例として史跡に指定されている。

その西谷地区に製作所が確認されており、南向きの谷筋の標高一二八メートルにある七・〇×二・三メートルの巨大な滑石露頭が唯一の工房跡である。この露頭した岩塊には、少なくとも四個体分の剝ぎとり痕および製作途中で廃棄された未成品が出土しており、周辺の土地造成過程の検討から、一二〜一三世紀前半ごろに機能していたと想定されている。

下請川南遺跡（山口県宇部市、図41）

宇部市街地の北東部にあり、複雑に尾根が発達した丘陵地（標高約八五メートル）の北〜東斜面に所在する。学校建設にともなう緊急調査が一九八六年におこなわれ、当時としてはホゲット遺跡につぐ全国二例目の石鍋製作所跡調査事例である。

長崎県内の多くの製作所跡が垂直に近い壁面を

図40 ● 首羅山石鍋製作跡
工房跡は一地点のみである。比較的大きな円形の割り付けがわずかに残る。

利用しているのに対して、本遺跡では滑石母岩の作業面を水平に削っている。石鍋製作の時期は、未成品の観察から一三〜一四世紀とされており、沢波川の河川水利を利用し、瀬戸内海の海上交通と連絡して各地へ供給された可能性を示している。

そのほか本遺跡に近い上宇部北迫遺跡・上請川遺跡・高嶺石鍋製作址でも石鍋製作がおこなわれていたことが確認されているが、詳細は不明である。

以上、これら三遺跡はホゲット遺跡と同時代の製作遺跡であり、廃棄された未成品などから推測される完成品についても同様で、「石鍋とはこのような形であるべき」「このような工程で石鍋を製作するべき」という共通認識が広く知れわたっていたと考えられる。ただ、西彼杵半島にある石鍋製作所跡とは若干異なる点もある。それは露頭している滑石の岩塊の量や規模が圧倒的に少なく、

図41 ● 下請川南遺跡
西彼杵半島の製作所跡と異なり、地面に
露出する岩塊を利用して製作した。

一つの岩塊に残る石鍋をとりはずした窪地の密度も明らかに少ない点である。ホゲット遺跡では、多少の濃淡があるが、壁面に所狭しと製作痕が整然とならぶのに対して、福岡県の二遺跡はその密度がかなり低いといえる。

4　石鍋製作の実態と変遷

石鍋の出自

これまでホゲット遺跡を中心として、西彼杵半島や福岡県、山口県の石鍋製作遺跡について概観してきたが、ここではもう一歩踏み込んで、「石鍋づくり」とはどのようなものであったのかについて考えてみよう。

西彼杵半島には、壇ノ浦の戦いで源氏に敗れた平氏が逃れてきた平家落人伝説があり、石鍋は山中に隠れ住んでいた平氏が製作し使用したという言い伝えがあった。しかし、ホゲット遺跡の各工房跡で剝ぎとられた痕跡を観察すると、大規模かつ効率的に、組織化された態勢のもとで生産していたことがうかがえる。では、石鍋の生産はどのようにはじまったのだろうか。

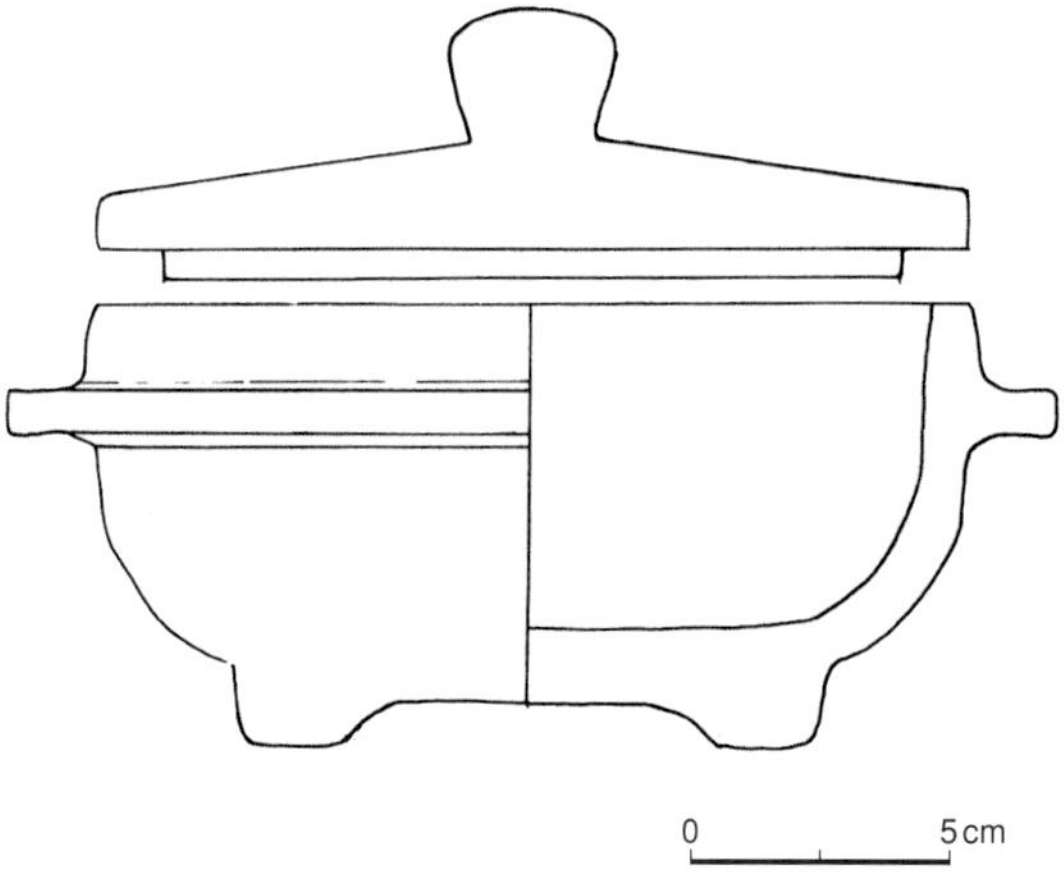

図42●韓国産石鍋
日本の石鍋と異なり、鍋の底に足がつき、蓋も石製である。

石鍋の製作がはじまるまで、ホゲット遺跡がある西北九州では、土製または石製の煮沸具はほとんど出土しておらず、一夜にして滑石製石鍋が登場したかのような感は否めない。そのため石鍋という石製煮沸具は、外来文化との交流のなかで出現したのではないかという疑問が生じる。

このことについて喜田貞吉は、「九州北部の石釜の破片の折々土中より発見せらるるも此の系統（辛国＝唐国）に属するものか」と記載しており、石釜＝石鍋が外来文化の影響で成立した可能性を示している。

このことを受けて、下川は韓国で製作された石鍋（図42）と比較し、「石質は国内産のものよりも（韓国のものは）硬質で、内外ともくまなく研磨の仕上げ工程を行っていることは同様であるが、底部に三個の脚を持ち、蓋も滑石を用いて製作している。国内では石製蓋の発見がないところから、蓋は木製であったと思われる」として、「両者が異なった用途的な意味をもつもの」と考察している。蓋については、佐世保市の

図43 ● 佐世保市門前遺跡出土の木製品
大・中・小の円形の木製品が出土し、なかにはススも付着している。確証はないが、石鍋とともに出土したことから、蓋として使用された可能性がある。

門前《もんぜん》遺跡で石鍋とともに出土した円形の木製品（図43）が、石鍋の蓋として使用された可能性があるものとして報告されている。

このように喜田は石鍋が外来文化の系譜にあると指摘し、一方、下川は国産と韓国産の石鍋とは用途に差がみられるとするが、それ以降の石鍋研究において、この点を追認する研究はなされていない。そのため石鍋が外来文化の系譜にあるものなのか、日本独自に開発されたものなのか、今後の研究の進展を待たざるをえない。

石鍋製作とその職人

各工房跡は石鍋を製作し産出した場所であるから、当然のごとく厖大な量の石鍋の未成品が廃棄されている。この光景は数多くの製作所跡を踏査している私にとっては普通の光景となってしまったが、はじめて山中に入って見学する人にとっては異様な風景に映ることだろう。そして、この異風景こそ私たち石鍋を研究するものにとって「宝の山」なのである。

この宝の山には、石鍋を製作した職人らが廃棄した石鍋未成品＝遺物が残されており、どのような製作方法で石鍋を製作したかの痕跡を読みとることができ、さらにさまざまな形態の用途が判然としないものまで含まれている。

石鍋づくりの第一は、まず山中にある滑石岩塊を発見することにある。その岩塊からノミを使って石鍋を削り出し、整形して運搬する、というのが作業の大きな流れである。

滑石岩塊の発見については、考古学の調査方法と同様に、河川の下流域から滑石の砕片の分布を手がかりとして上流へ進み、そこから山中の岩塊をさがすという方法を古代・中世の人びともおこなっていた可能性がある。当時、木材の切り出しや通常の生活道路として山中ですごす時間が現代よりも長かったと思われる西彼杵半島の古代・中世の人びとは、日常的な感覚でその場所を把握していたのではないだろうか。

岩塊から切り出す

そして石鍋製作所跡の岩肌に残る工具痕は、当時の人びとが石鍋づくりをおこなった確かな証拠として今も残っている。岩壁面にとり残された無数の石鍋未成品や工具痕を観察し、その製作方法に最初に着目したのは、春山石鍋製作所跡（目一つ坊石鍋製作遺跡）を調査した八重津と内山で、岩壁面から「粗型石鍋」をどのようにして切り離すかについて、平面離断法と鋭角離断法という二種類の方法を解明した。

鋭角離断法とは、粗型石鍋の厚みよりも奥へ深く刻み込んで切り離す方法で、離断に要する作業は容易であるが、離断するまでの準備作業で失う滑石量は多い。平面離断法とは、粗型石鍋の口縁部と平行となるように切り離す方法で、手間はかかるが母岩の損失量を軽減でき、多くの製作所で採用されていると指摘した。

さらに八重津と内山は、「工具は恐らく金属性片刃鑿と槌とを用いたるならん。（中略）二種以上の鑿を要したるが如し」と石鍋の製作に使用される工具がノミであることに言及した。これまで漠然としていた製作方法を観察により導き出し、その後の石鍋研究の礎となった。

経済的な方形区割り

一九七〇年代以降は、ホゲット遺跡の調査をおこなった下川が、それまでの石鍋研究を整理し、製作の工程案を示した（図44）。

まず、滑石が露頭している岩壁面または岩塊から四角形のブロックを切り出す。つぎにブロックのそれぞれの四辺から耳状の把手を削り出し、二個一対または四個二対の縦耳型石鍋となることを想定した。

この方法で製作された石鍋は、把手となる突起（縦耳）の長さと幅を自由に調節することが可能であり、消費地遺跡でも使用形態に合わせて調節が可能となる。下川はこの四角形ブロックをもとにした製作方法を「方形区割り」と呼称し、成形するうえで無駄となる部分がきわめて少なく、生産性が高い合理的な産出方法と考えた。

さらに下川は、石鍋の口径と底径の差が二

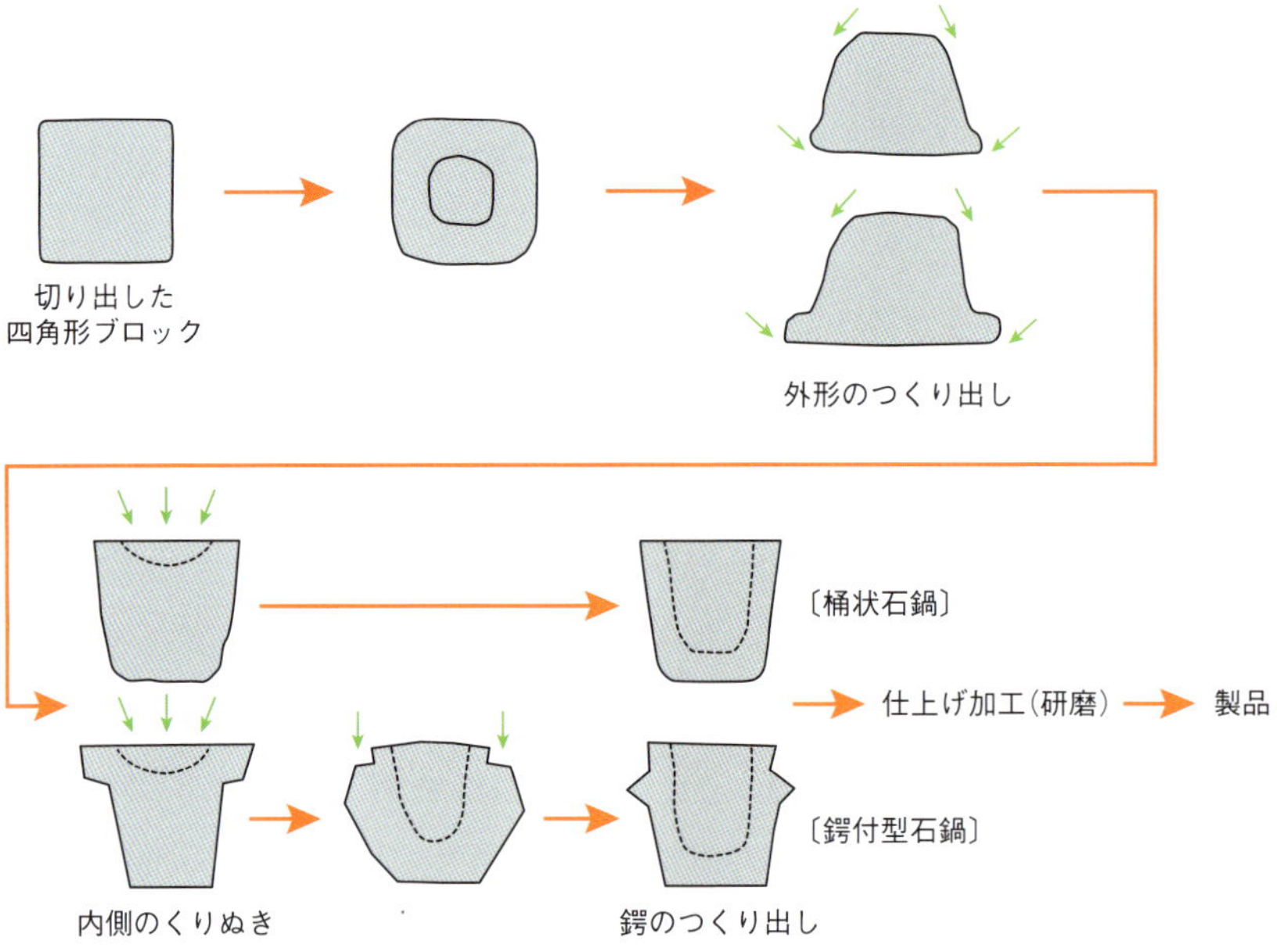

図44 ● 石鍋製作工程（下川案）
壁面から、石鍋の底を手前にして切り離し、内側→外側へと整形する。
図は桶状石鍋と鍔付型石鍋の製作工程を示し、ほぼ同じ工程である。

分の一のものは、区画の割り付けをせずに、滑石層の走りにそってある程度自由に製作したとする見解も示している（**図45**）。岩壁面においてブロックを成形する際、口縁部分を手前にして奥が底となるような粗形をつくり、最後は壁面からすべてを剝ぎとる。そして二つの凹状のあいだに残された凸状の部分は、先ほどとは逆に底を手前にして奥が口縁部となるように成形し粗形を剝ぎとる。この作業工程を滑石層がなくなるまで続けると、壁面にはクレーター状の加工された痕跡が残ることになる。

また、下茅場遺跡の発掘調査を担当した荒木伸也は、各工房跡の詳細観察から、露頭から剝ぎとる方法をつぎのように推定している。

①必要とする大きさを中心に残しながら、周囲を逆円錐形に彫り込む。中心には角柱状あるいは円柱状の突出部を残す

②その突出部のつけ根部分を外側から内側にむかってノミを入れ、露頭から剝ぎとり、剝ぎとら

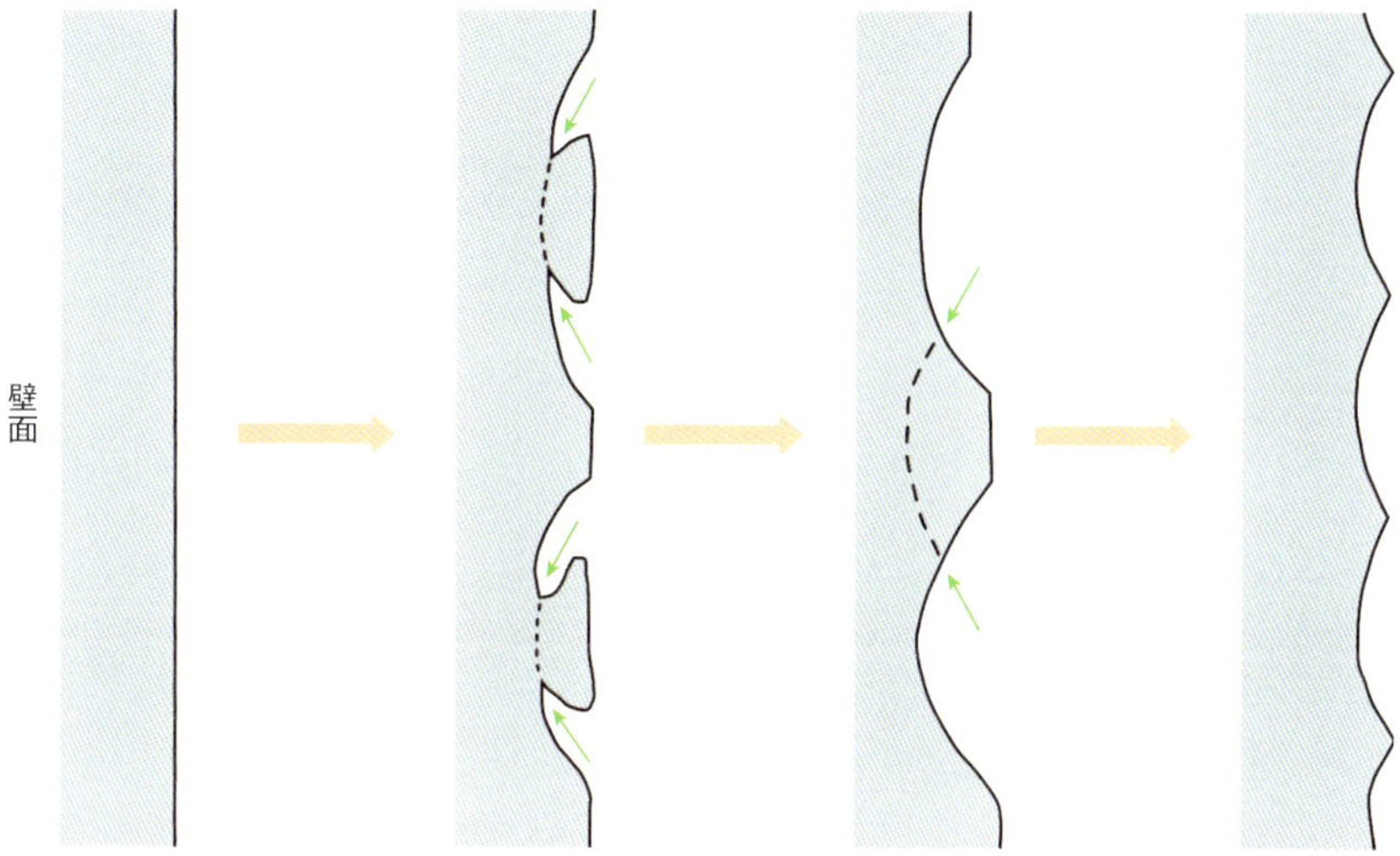

図45 ● 壁面からの剝ぎとり工程（下川案）
工房跡の観察から想定した工程で、一つおきに剝ぎとり、つぎの段階でその中間の凸部を利用して剝ぎとることで効率的になる。

①壁面から剝ぎとってきた粗型

②内側をくりぬく

③全体を整形

④鍔をつくり出してほぼ完成（後は研磨して完成品になる）

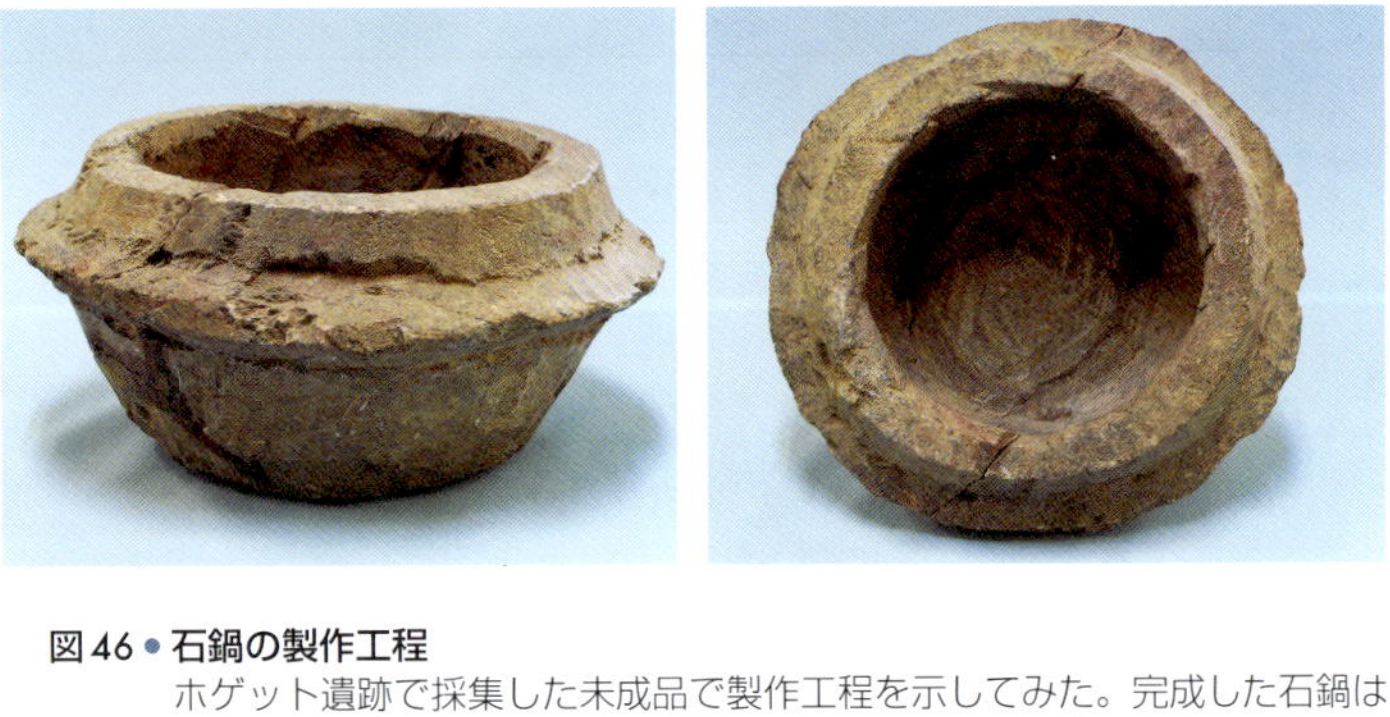

図46 ● 石鍋の製作工程
ホゲット遺跡で採集した未成品で製作工程を示してみた。完成した石鍋は搬出されるわけで、ここにあるのは破損などで途中で廃棄されたもの。

れた石塊が粗型石鍋となる

③剝ぎとりに規則性はなく、必要となする粗型をとれるだけ自由に剝ぎとっている

④剝ぎとり痕が円形状のもののなかで、切り合いが確認できるものがある。円形状と四角または隅丸方形状のものとの切り合いは確認できない

⑤露頭面に残されたノミ痕は、刃渡り五センチと八センチのものである

以上、五点の特徴を整理し、遺構前面の土壌堆積の観察から、「露頭の高い部分でも剝ぎとるため、不安定な混土層での足場を確保しようと意図的に粘土を積んだもの」と考え、露頭高所における石鍋製作の作業方法について推察している。

さらに、下茅場遺跡において出土・採集された石鍋未成品は、「内部をくり貫いたときに残る鋸歯状のノミ痕を削り取る段階で失敗したと考えられるものが数点ある。本遺跡ではできるだけ軽く、あるいは製品に近い研磨直前まで加工していることがうかがえる」と分析し、山中の製作所では製品として出荷できるほどの最終研磨はおこなわず、製作所以外の消費地に近い場所でおこなわれた可能性を示唆している。

これら諸氏が想定したように、石鍋を削り出す際にはノミを使用した。その工程で数種類のノミを使い分けていた状況が、壁面や石鍋未成品から観察できる。まず壁面からブロック状にそろばん型にした素材を削り出すときには、幅六センチ以上のもので大胆に削っている。削るというよりは「掘る」といったほうがいいかもしれないほどの力強さは、手作業のみではなく、時にはハンマーのようなものも必要であったかもしれない。

つぎに、壁面からはずされた石鍋の粗成形に、三・〇～四・五センチ程度のノミを使い、最後には一・五～三・〇センチ程度の幅が狭いノミを使用してていねいに整形している。山中に廃棄されたままの石鍋未成品をみると、内部を途中までくぼませた後に外部の成形と微調整まで終わらせ、ふたたび内部の整形と微調整をしていることが多いようである。

職人は

このように石鍋製作にあるいくつもの工程をクリアし、同型ともいえる数多くの石鍋をつくりつづけた人びとは、まさに「職人」である。およそ五〇〇年にわたる石鍋製作に、西彼杵半島でもかなりの数の職人がいて、組織化されていたことは間違いないと考えられるが、この職人や職人集団に関することは何もわかっていない。

また石鍋製作所跡が多く残る西彼杵半島では、数少ない文献資料から各地区に領主がいたことはわかってきているが、それらの小領主をとりまとめる盟主的な領主はなく、職人を統率したはずの人びとの名もまたみあたらないのである。このように現在までのところ、職人に関係する集落や組織形態などを読み解くための鍵すらつかめない状況である。

第3章　列島に普及した石鍋

1　どこで出土しているのか

現在、日本列島各地で発掘調査がおこなわれていることにより、石鍋の出土例が増加している。石鍋が広域に流通していたことに着目したのはホゲット遺跡を調査した下川達彌で、一九七四年に西日本を中心として石鍋が出土した遺跡を集成している。その段階では一一四遺跡があげられているが、現在では遺跡数を把握することができないほどで、数千カ所以上の遺跡で出土していると考えられる。下川が整理してから四〇年以上経過した現在、どのような分布状態か、地域別にみていこう（図47）。

九州地方

九州地方では、分布密度に濃淡があるものの、海浜部を中心として全域に分布している。なかでも石鍋製作所跡が確認されている西彼杵半島と博多周辺（福岡県糟屋郡）、有明海沿岸（福岡県大牟田市）に高い密度で分布しており、製作場所近くで使用された「地産地消」的様相がうかがえる。

たとえば玄界灘に面する地域では、浦々ごとに分布しているかのように海岸線に沿って出土しており、出土する遺跡は地域の拠点的な集落のほかに小規模な集落にまでおよんでいる。これらの遺跡で出土する石鍋片には、必ずといっていいほどススが付着している。消費地遺跡であるために、ススが付着していない真新しい石鍋はきわめて限られており、まさに使い込まれた石鍋が大半を占めている。

図47 ● 石鍋出土遺跡の分布
製作所がある九州からは海の道で各地の拠点的な都市や津・市などに運ばれ、そこからさらに再運搬されたようである。

これらの地域では「高価な調理具」というよりも、「一般的な調理具」であったようである。

一方、長崎県佐世保市の相浦川《あいのうら》の河岸にある門前遺跡では、流路のなかから中国・朝鮮・東南アジアから輸入された貿易陶磁器とともに廃棄された石鍋が出土している（図48）。

石鍋は古代〜中世前期の河川跡から多く出土し、なかでも四〇〇平方メートル程度の狭い範囲から八五〇点を超える石鍋がみつかった。種類としては、鍋のほかに、ミニチュア石鍋、バレン状石製品、二次加工品、サイコロ、石錘とバラエティーに富んでいる。出土したほかの遺物とあわせて考えると、おもに一二世紀前半代までのものにかぎられ、その後は激減している。

ただし、門前遺跡でもススが付着していない石鍋は一、二点しか確認されておらず、商品として集積されていたはずの未使用の石鍋はほとんどない。しかし、貿易陶磁器などの国内外からの搬入

図48 ● 門前遺跡での石鍋出土状況
12世紀前半に埋没した河川のなかから、縦耳型石鍋を中心に多くの遺物が出土した。

遺物量を考えると、石鍋の一大生産地である西彼杵半島の北方に位置し、河川に接していることから、各地へ石鍋を搬出するため集積した拠点集落の一つと考えられる。

福岡市の博多遺跡群は、著名な貿易都市であり、膨大な量の貿易陶磁器や国産土器が出土しており、その一角を石鍋が占めている（図49）。

この地域では、福岡市の海の中道遺跡に代表されるように、石鍋初現期の縦耳のない桶状石鍋が出土している。さらに、一一世紀代の縦耳型石鍋をへて、一二〜一三世紀の鍔付型石鍋の時期に出土量が激増する。これ以降も、西日本の重要な貿易都市でありつづけた結果、各時期の石鍋が途切れることなく出土している。

琉球列島

近年、新里亮人・宮城弘樹が、沖縄地域における石鍋出土遺跡の分布を調べ、石鍋はもっとも南

図49 ● 博多遺跡から出土した石鍋
左：縦耳型石鍋、右：鍔付型石鍋、手前：縦耳型石鍋のミニチュア。

POST CARD

恐れいりますが
切手をお貼り
ください

113-0033

東京都文京区本郷
2-5-12
新泉社

読者カード係 行

ふりがな		年齢	歳
お名前		性別	女 ・ 男
		職業	
ご住所	〒 都道府県 区市郡		
お電話番号	- -		

◉アンケートにご協力ください

・ご購入書籍名

・本書を何でお知りになりましたか

□書　店　□知人からの紹介　□その他（　　　　）

□広告・書評（新聞・雑誌名：　　　　）

・本書のご購入先　□書　店　□インターネット　□その他

（書店名等：　　　　）

・本書の感想をお聞かせください

＊ご協力ありがとうございました。このカードの情報は出版企画の参考資料、また小社からの新刊案内等の目的以外には一切使用いたしません。

◉ご注文書（小社より直送する場合は送料１回 290 円がかかります）

書　名	冊　数

方では沖縄本島を越えて先島諸島の波照間島でも出土し、はるか南方まで流通していたことを明らかにしている。

　また新里・宮城は、琉球列島各地で出土した石鍋の破片を分析し、一二世紀後半以降に爆発的に流通するものの、一三世紀以降はほとんど出土していないと指摘している。形態としては、縦耳型石鍋のみが出土し、鍔付型石鍋はほとんど出土していない。

　奄美大島名瀬市の海岸砂丘にある小湊《こみなと》フワガネク遺跡群では、琉球列島で類例がないほど大量の石鍋の破片が出土している（図50）。小湊フワガネク遺跡群はヤコウガイの貝匙やイモガイの貝符などが大量に出土したことから、それらの製作場であったことが注目されているが、それとともに古代～中世前期の拠点的遺跡であることが発掘調査で明らかになり、各時期を通じて外部世界と交流が盛んであったことが推察されている。

図50 ● 奄美大島の小湊フワガネク遺跡から出土した石鍋片
完全な形に近い石鍋がほとんど出土していないことから、
破片でもち込まれた可能性がある。

小湊フワガネク遺跡から出土した石鍋片はほとんど接合しないという。また、孔を穿たれた破片も多いことから、小割り目的とした有孔破片を集積していたものと考えられており、こうしたことから石鍋は当初から琉球列島へ破片で搬入された可能性が指摘されている。

また、石鍋という外来文化が影響し、琉球列島で独自の文化として土着したものに「石鍋模倣土器」がある（図51）。これは、その名のとおり石鍋の器形を模してつくられた土器で、さらに、滑石の粉末を混入した「滑石混入土器」まである。琉球列島で独自に発展したもので九州地方では確認されていない。

この土器は琉球列島へ石鍋が流通している一二世紀後半に製作されている。石鍋を模倣してつくるほど、石鍋は生活のなかで必要性があったことがうかがえるものの、石鍋を補完するものとして使用されたのか、それとも別の目的のために利用されたのか、今後の研究の進展を待たなければならない。

中国・四国地方

すでにふれたように山口県宇部市には小規模ながら石鍋製作所

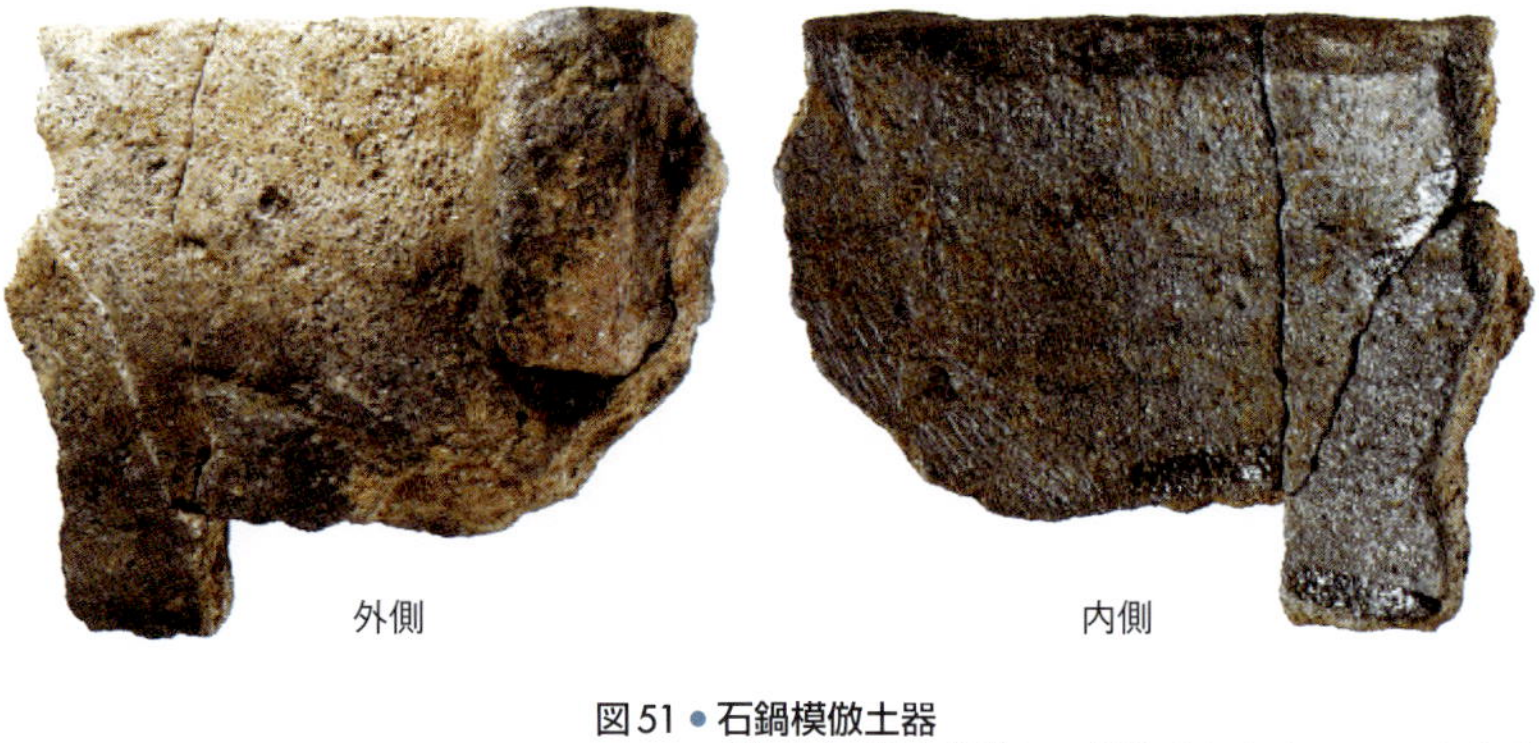

図51 ● 石鍋模倣土器
縦耳型石鍋を模倣して製作された土器で、琉球列島のみで出土する。写真は喜界島出土。

跡が数カ所確認されており、中国地方の瀬戸内海に面する各地に出土遺跡が分布している。

なかでも広島県福山市にある草戸千軒町遺跡は、一三世紀中ごろ～一六世紀初頭にかけて約二五〇年間にわたり存続した大規模な集落遺跡であり、瀬戸内海に面した「津」または「市」として流通・金融活動に関与しながら発展した都市であったと想定されている。

この草戸千軒町遺跡からは数十万点もの遺物とともに石鍋が二〇〇〇点以上も確認されている（図6・52）。とくに石鍋が集中して出土するのは「中心区域」とよばれる生産・流通活動を活発におこなっていた場所で、鍋のほかに温石・硯・石錘・二次加工品などが出土している。

以前は、ススが付着していない石鍋がまとまって出土しているとして、商品としての石鍋を集散した集落とされてきたが、近年の研究成果では、出土した石鍋の大半は使用後に破棄したものの可能性が高く、草戸千軒町の集落内で消費し、廃棄したものと推察されている。

ただし、草戸千軒町遺跡と同じ福山市内の鞆《とも》町市街

図52 ● 草戸千軒町遺跡から出土した石鍋
製作所跡が多くある九州以外では最大の出土量を誇り、そのほとんどが西彼杵半島産であることが判明している。

地遺跡や尾道市の尾道遺跡での単発的な石鍋の出土は、草戸千軒町の流通活動によってもたらされたものと考えられ、草戸千軒町は瀬戸内海に面する立地を活用して石鍋を集積し、そこから供給圏内に流通していったと推察される。

一方、日本海側の中国地方ではまったく出土遺跡は確認されず、四国においてもほとんど出土しない。

関西地方

関西地方は中世の政治・経済活動の中心地であり、瀬戸内海に面する地域から紀伊半島の西岸にかけて出土遺跡が濃密に分布している。ただし、遺跡数はかなり多いものの、一遺跡の出土点数は少ない。加えて小破片や再加工されたものが多い。

出土傾向としては、物資集積（港湾）遺跡、官人層の居宅、荘園中核集落、寺院関係遺跡など主要幹線沿いの遺跡に集中していて、瀬戸内海に面する港湾から河川を利用して京都まで運びこまれたことが分布状況から読みとることができる。

京都市の平安京左京八条三坊二町跡は、平安京のなかでもまとまって石鍋が出土する遺跡の一つで、一二世紀代の鍔付型石鍋が大半を占めているが、周辺の他遺跡と同様に完形のものはほとんどなく、細片となっているものが多い。

なかには破片断面に漆が付着しているものがあり（図53）、なんらかのアクシデントで割れた後に、漆を接着剤として使用してその後も大事に使用していたことが判明している。また、小破片となった滑石の表面に秋草文や線刻などを施し、スタンプとして再利用しているものもある。

関東地方

中部地方でも数例の出土報告があるものの、遺跡は散在し、それらの性格の共通性は不明である。

関東では鎌倉で多く出土している。鎌倉以外では集落遺跡などから、鉄鍋とともに少量ではあるが石鍋が出土する傾向にある。それらの遺跡は、有力者の居館（屋敷）や城館遺跡、寺院、製鉄関連遺跡、主要幹線道路沿いの集落遺跡など、政治・経済・交通の拠点的な遺跡である。

鎌倉市の光明寺裏《こうみょうじうら》遺跡では、総個体数で三〇点におよぶ石鍋が出土し、鎌倉のなかでもとくに多い。同ともに出土した土器から一三〜一四世紀のものと考えられる。同

図53 ● 平安京左京八条三坊二町跡出土の漆付石鍋
底が大きく割れていて、その割れ口には漆で接着して補修していた痕跡が残る。

じく鎌倉市の長勝寺《ちょうしょうじ》遺跡では、石鍋を転用したスタンプが多く出土する（図54）。

長勝寺は一二五三年に創建された日蓮宗寺院で、現在、法華堂などが神奈川県の指定文化財になっている。ここで出土したスタンプは、破損した石鍋片に草・花・魚・幾何学文様を彫刻したもので、染型や博奕《ばくち》の札に押したり、社寺で配る護符《ごふ》などさまざまに使用されたと考えられている。それは鎌倉のほかの遺跡でも同様で、九州などでも草花文や花状文を彫ったスタンプがみつかっている。

この地域の煮炊具の主体は鉄鍋であり、有力者の居館（屋敷）や城館遺跡、寺院などから出土していることから考えると、贈答品などとして、ごくかぎられた階層の人びとが石鍋を入手したと想定される。

北陸地方

北陸地方では能登半島のつけ根付近に集中して

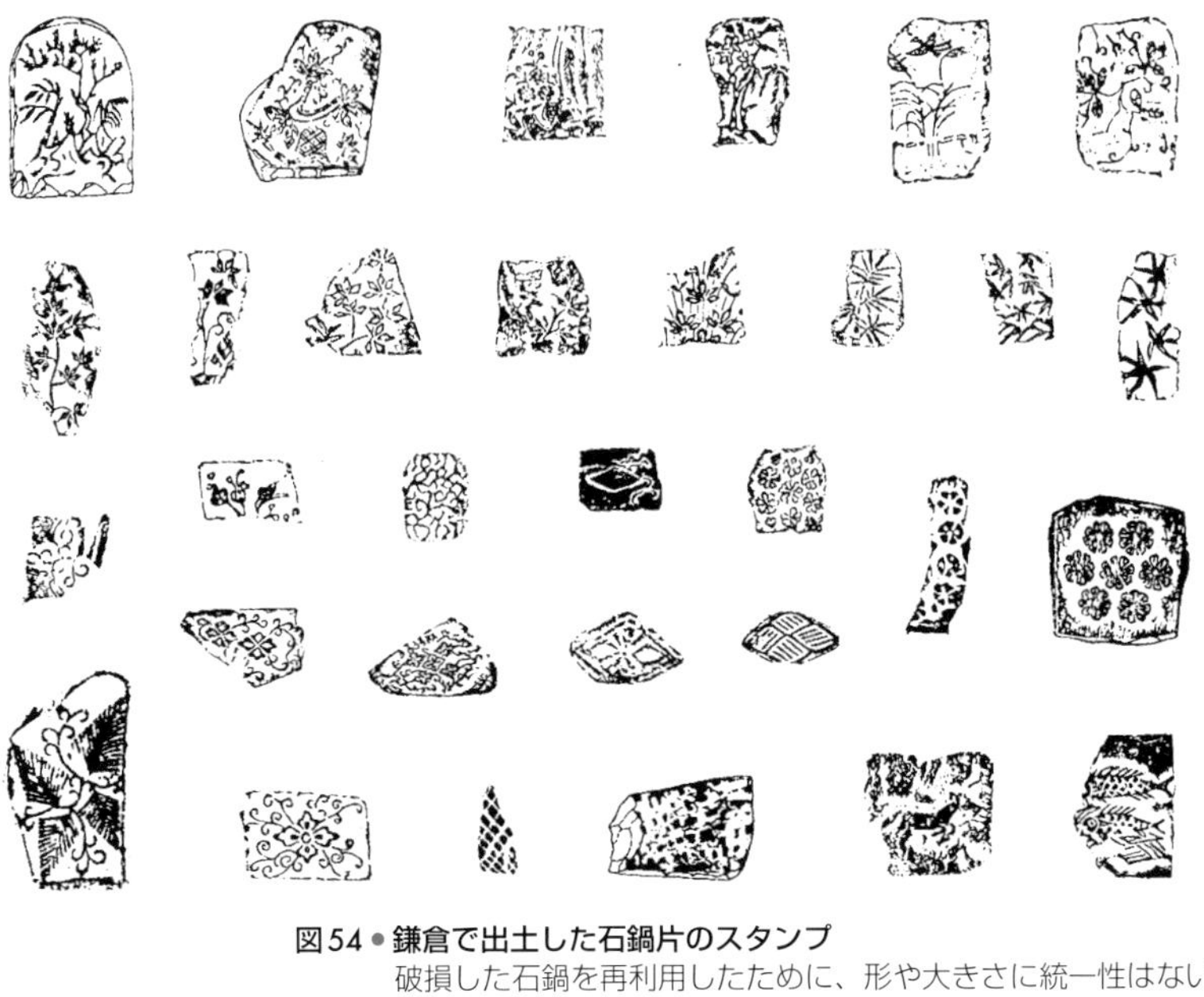

図54 ● 鎌倉で出土した石鍋片のスタンプ
破損した石鍋を再利用したために、形や大きさに統一性はない。
平らに整形した面にさまざまな文様を刻んでいる。

出土している。なかでも西部は寺院や官衙《かんが》関連遺跡で出土し、東部は集落遺跡で出土していて、その性格が異なっている。ただし、他地域と比較すると出土量自体は多いとはいえない。そして、それから北に行くほど出土する遺跡は希薄となる。京都または博多から個別、不定期に搬入したにとどまる数量で、恒常的な供給を実現していたとは考えにくい。

富山県南砺《なんと》市の梅原胡摩堂《うめはらごまどう》遺跡は、戦国時代に越中一向一揆の拠点とされる瑞泉寺《ずいせんじ》の分家「梅原坊」とその関連施設の遺跡と考えられている。発掘調査では初期の城館とされる一二世紀後半～一三世紀の方形館跡（一二〇×三五メートル以上）がみつかり、交通の要衝に立地する拠点集落でもある。出土する石鍋は一三世紀代の鍔付型石鍋に限定され、破損後にさまざまな用途のために二次加工されている状況が確認されている。

東北地方

東北地方は他の地域と異なって、石鍋が出土する遺跡は集中していないものの、かなり内陸部にまで流通している。これらの遺跡は居館や城館遺跡とされるものが大半で、さらに街道沿いに立地する遺跡でもあることから、海路のほかに関東から陸路で流通した可能性が高い。

日本列島でもっとも北で石鍋が確認されている遺跡は十三湊《とさみなと》遺跡で、北海道ではこれまでに出土報告はない。

十三湊遺跡は本州最北端の津軽半島の日本海側ほぼ中央、岩木川河口に形成された潟湖である十三湖の西岸に位置し、戦国時代に成立したと考えられる中世北日本の重要港湾である。津軽の豪族安藤氏が拠点として一三～一五世紀に栄えた。一四～一五世紀の貿易陶磁器や国産流通遺物とともに石鍋が搬入されている。

この地域でも完形品に近いものはきわめて少なく、長く使用したためか、破片となって廃棄されたものが多い。時期は終焉期のものにかぎられている。

このように日本列島において、北海道を除くほぼすべての地域に石鍋は流通し、生活の一部に組み入れられていた。

石鍋は、いつごろのものがどのような形態をしているかが解明されていたことから、長い間、遺跡で発見される遺構の年代決定をおこなうための一つのツールでしかなかった。しかし、出土する遺跡数の増加とそれぞれの遺跡の性格が詳細に検討されることによって、古代～中世期の流通構造を解く鍵としての位置を確立しつつあるといえよう。一三世紀以降に爆発的に全国へ流通したことがうかがえる石鍋は、寺院、政治中枢機関、地域の拠点集落などにおいて高価品として扱われていたことが想定され、たんなるモノの移動に加え、当時の商品流通圏や従属関係など社会構造を反映するグローバルな遺物へとイメージが変わりつつあるといえる。

2　だれが運んだのか

石鍋の移動にかかわった商人の存在

以上のように石鍋は列島各地で出土しているが、これらはどのように供給・運搬されたのだろうか。近年、この流通に関する研究が進み、「宋商人」の介在が注目されている。

宋商人とは、一一世紀後半〜一二世紀にかけて貿易活動をおこなった中国・宋の商人のことで、彼らの貿易活動範囲は日本はもとより、東シナ海一帯を中心としてグローバルに展開していた。この宋商人は当時の博多で「住蕃貿易《じゅうばんぼうえき》」とよばれる居留地を形成しながら貿易をおこない、中国文化をとり入れた独特の生活文化が存在していたことが明らかとなっている。

そして石鍋を製作・使用する風習も、宋商人の生活文化の一部としてもたらされたことが想定されている。中国から韓半島では、八〜九世紀には舎利《しゃり》容器や燭台など多くの種類の容器が滑石を使用して製作されていた歴史があり、それら中国・韓半島で生産されていた石鍋の系譜上に日本の石鍋も位置づけられるという。

しかし現在までのところ、直接に関係があるかどうか確定する素材はそろっていない。博多を中心に活動をおこなっていた宋商人についても、石鍋製作所が数多くある西北九州、とくに西彼杵半島においてどのように活動していてのか実態がつかめていない。

わずかに九世紀後半に中国・唐の商人が値嘉島《ちかのしま》（長崎県五島列島）に停泊して「香薬」や「奇石」を採取していたとの記事が『日本三代実録』にあることや、宋商人が中国で使用していた鍋の素材（奇石＝滑石）の獲得を目指して、周辺地質の調査をおこなっていた可能性が示されているだけである。

それでも石鍋が日本列島で生産されはじめた契機の一つとして、中国文化の流入が想定され、さらに中国商人の生活・風習を継続するために石鍋が運ばれたとする説はこれまでになかったものでヽ西彼杵半島も古代～中世期の石鍋を求めた中国商人らの視点に立てば日本との貿易の玄関口にあたり、彼らの生活と貿易活動の基盤をつくるうえで重要な場所であった可能性を大いに秘めている。

海人集団

それでは石鍋はすべて中国商人の手によって運ばれたのであろうか。その問いに答えるかのように、一九九六年に一つの報告がなされた。西海市西彼町八木原の山中にある祠の改修中に、基壇部から多数の五輪塔（二六基分）と宝篋印塔《ほうきょういんとう》（一一基分）がみつかり、ある五輪塔の地輪（基礎部分）に「海夫《かいふ》　道浦《みちうら》」と刻まれていた（**図55**）。西彼杵半島で海上運送に関わっていた人物の墓である。

墓石の形態から一五～一六世紀に造営されたもので、「海夫」は法名、「道浦」は名前と推察された。中国商人が活発に活動していた一二世紀ごろから数百年経過しているが、海夫は平安時代以降、おもに西北九州で船上生活をし、漁労と海上運送を生業とした海民をさす俗称で、多くは二～三隻、時には一〇隻以上の船で船団を組織し

図55 ● 五輪塔の地輪に刻まれた「海夫　道浦」
海夫として海運で活動していた人物「道浦」の墓碑と考えられる。
こうした海夫が石鍋の交易に関与していた可能性がある。

て活動したとされる。文献では、一〇世紀末、藤原道長全盛期の貴族の日記「小右記《しょうゆうき》」や「権記《ごんき》」に、また鎌倉時代の松浦党関係文書にも海夫の記述がみられ、九州と大陸との交流や倭寇、列島内の海運などで活動していたことがわかっている。この船上生活をおこなっていた海夫集団の系譜を引くとされる「家《え》船《ぶね》」が、戦後まで西彼杵半島の浦々でみられた（図56）。

石鍋が製作された平安〜室町時代、西彼杵半島をとりかこむ大村湾や五島灘には、石鍋を積んだ多くの商人船のほかに、海夫とよばれる商人と運搬業者を兼ね備えた集団が数多くいたと考えられ、彼らは周辺海域の特徴を熟知し、長期航路の際の水や食料の補給地も日常的に把握していた可能性が高く、石鍋やそのほかの物資の運搬のために相当数が浦々に割拠していたのかもしれない。

図56●西彼杵半島の家船（大正期）
西北九州の沿岸部で昭和初期まで存在していた。そのルーツは古代にまでさかのぼる「海夫」とされる。

3　どのように使ったのか

製作地の石鍋、消費地の石鍋

石鍋製作所に残された石鍋は、製作途中になんらかのアクシデントから廃棄されたものであり、それらから完成形態や使用状況は明らかにできない。一方、集落などの消費地遺跡から出土する石鍋の表面には、ノミで整形した無数の痕跡が残り、ていねいに仕上げられたノミ痕が整然と並んでいる。また、煮炊具として火にかけられたために、外面にはススや煮炊き時の吹きこぼれなどが炭化物として付着しているものが多い。

製作所跡で出土した石鍋の内面は、製作工程上の最終段階に近いものにはノミによる綿密な整形痕が認められるが、製作途中のものは粗削りのものが多い。一方、消費地遺跡出土の石鍋は生活のなかで一定期間に使用され、ついには欠損などにより廃棄されたものが出土する。そのために、内面にあったノミ痕は使用または使用後の洗浄などによってこすれて滑らかとなっているものが多い。さらに、その使用期間が長ければ長いほど、石鍋の底も薄くなり、時には穴があいているものさえみうけられる。

石鍋の変遷

こうして古代・中世の人びとの煮炊具として長く利用された石鍋も、時代の変化とともに形や大きさが変化していく。

近年、消費地遺跡の大規模な発掘調査が増えたことにより、一遺跡あたりの出土する石鍋の量が増大し、石鍋の形態分類や使用時期について詳細な分析が可能となってきた。

石鍋の変遷の研究をたどってみると、まず、草戸千軒町遺跡から出土した石鍋を分析した木戸雅寿が、石鍋の形態を桶状石鍋（I類）、縦耳型石鍋（II類）、鍔付型石鍋（III類）の三つに分類した。そして、さらに細分化し、時間的な変遷をとらえ、石鍋の編年を提示した（図57）。

その後、森田勉は、木戸の編年が草戸千軒町遺跡出土という地域と時期が限定された石鍋を検討したものであるのに対して、九州の消費地遺跡という広範な遺跡を対象として編年を検討した。そして縦耳型石鍋（A群）と、石鍋の体部が内湾または直立する鍔付型石鍋（B群）、体部が外上方へ直線を呈する鍔付型石鍋（C群）の三段階に分け、石鍋の存続期間を九世紀末から一五世紀後半ごろまでとした。

さらに近年、九州における石鍋出土遺跡を集成した新里亮人が、「把手付石鍋（木戸II類、森田A群）の出現は、筑前地域（福岡県北部）において一一世紀前半代へと遡る可能性を除いて、残りの地域では中世I期（一一世紀後半～一二世紀前半）」にまで降るとし、「近年の研究成果によると把手付石鍋の出現は、森田、木戸編年よりもやや新しい時期にとらえられる傾向にある」としている。これと同調するように鈴木康之も、「一一世紀代に博多・大宰府といった九州地方北部の都市部における消費財として使用が開始された」とし、さらに「日本列島に滑石製石鍋が出現する時期は、現在のところ一一世紀後半のことと考えられる」として、石鍋の出現時期を森田と木戸の編年よりも大幅に遅らせるとともに、より具体的な出現時期を提示

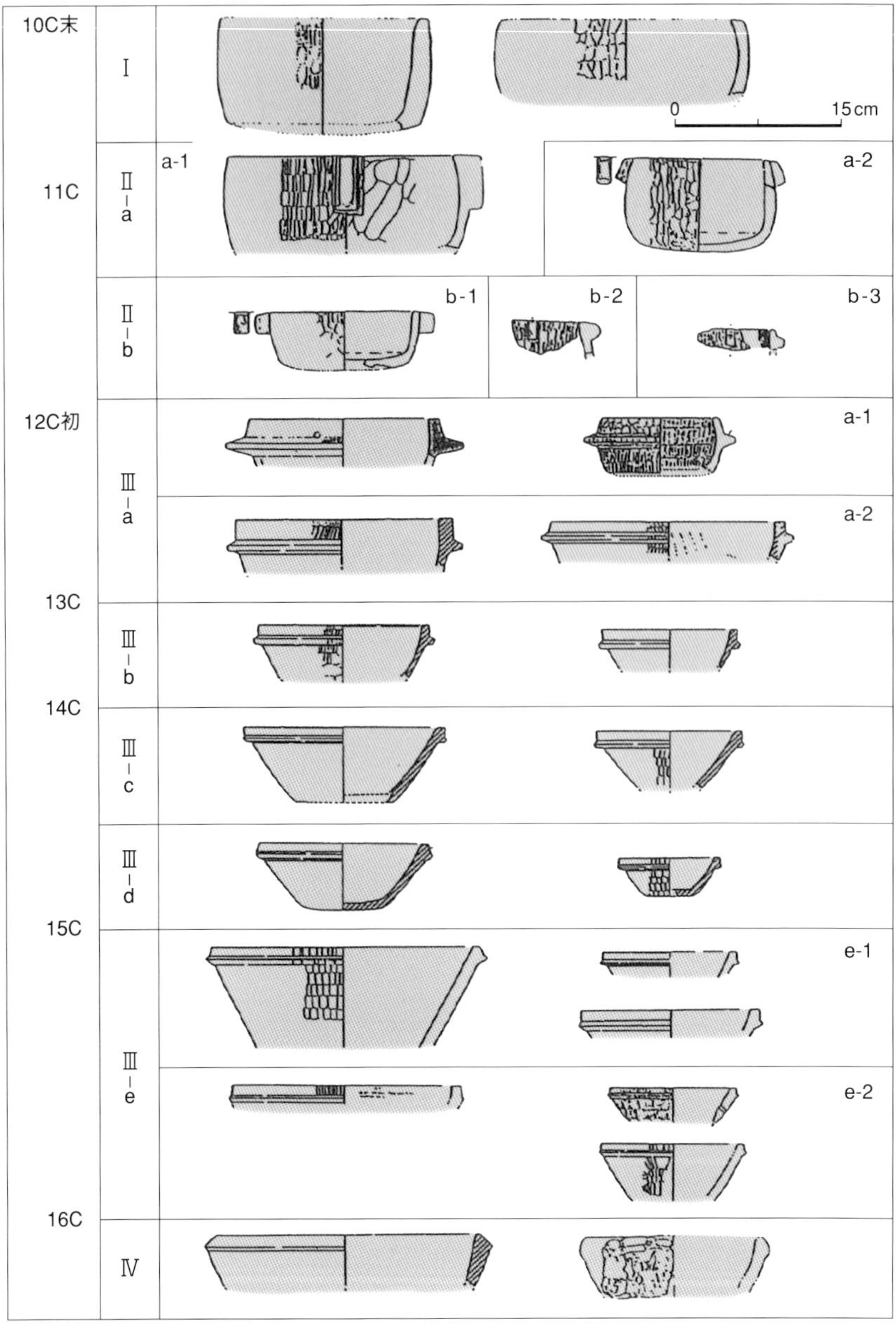

図57 ● 木戸雅寿による石鍋編年図

Ⅰは桶状石鍋、Ⅱは縦耳型石鍋、Ⅲは鍔付型石鍋。近年の発掘調査により石鍋の出土量が増加し、時期やバリエーションの再検討が必要になってきている。

した。

整理してみると、石鍋の製作開始時期は、森田編年にもとづく九世紀末〜一〇世紀とする説と、木戸編年に近い一〇世紀末〜一一世紀とする説に大別することができ、つまり石鍋の製作開始時期については、約一〇〇年の差が生じている。このことについては、前章で紹介したホゲット遺跡第6工房跡で採集された炭化物の科学分析によると、西暦一〇〇〇年前後には石鍋製作がすでにおこなわれていたことが確認されており、前述の石鍋の製作開始時期を考察するうえで非常に興味深い科学分析結果といえる。そして石鍋は、戦国時代の一六世紀ごろに終焉を迎えることとなる。

煮炊具としての「鍋」と「釜」

ここまで石鍋の形状と製作・使用時期をみてきたが、その形状は「鍋」というよりも「釜」に近いと思われるかもしれない。

このことに関する研究は古く、第2章でふれたように、一九一五年（大正四）に喜田貞吉が「鍋と釜」と題し、大正期の「鍋・釜」および「竈・炉」の関係についてふれている。そのなかで喜田は「釜と鍋との使用の区別は、炉と竈との設備の相違と相併ふものの如し。竈の設備のある所にても焜炉《こんろ》、七厘《しちりん》などを併用し、随って鍋をも使用すれど、大體に於て飯は釜によるを本體とし、炉の設備の所にては、釜を使用せんには不便甚しければ依然鍋を用ふるなり」と報告し、飯焚きの際に竈では釜、炉では鍋を使用すると整理している。

これを長崎県内のこれまでの消費地遺跡の発掘成果と照らし合わせてみると、古代・中世期にあたる住居跡や集落遺跡の調査事例はほとんどないものの、限られた成果を概観すると、調査報告書のなかで焼土遺構とされる、いわゆる炉が主体であったのではないかと思われる。

一方、北部九州（とくに福岡県周辺）や関西方面では、この時期の住居にはすでに竈が普及していたことが想定されている。このことは当初、石鍋は炉で使用するために製作されはじめ、時間の経過とともにしだいに遠隔地に伝播し、その存在が広く認識されるに至ったが、消費者側の生活様式が炉から竈へ移り変わったことに応じて、竈で使用する際に都合のよい釜の形状をした鍔付型石鍋が製作されはじめたといえる。その転機が一二世紀後半にあたるのではないかと推察できる。

文献にみえる石鍋

滑石製石鍋の使用方法については、遺跡の発掘調査で出土する石鍋を観察したとしても、得ることができる情報量には限界がある。そのため文献史料などと相互に研究を進める必要性がある。そこで、文献史料で滑石製と思われる石鍋が登場するものをみてみよう。

『類聚雑要抄《るいじゅうぞうようしゅう》』

一一四六年（久安二）ごろに左大臣藤原頼長《よりなが》の私的な家政職員である家司《けいし》藤原親隆《ちかたか》が記したとされる書物で、儀式や行事に使用する調度品などについてくわしく図解してあり、そのなかにつぎのような記述がある。

「甘葛《あまづら》の煎り方

石鍋または銅鍋に入れて、それをはじめから炭をおこしておいた灰の中に入れて、口を少しだけ開ける。火をゆるくして、熱くも冷たくもない状態を続けて、七日間煎つづける。この間に出る泡は取り除く。鍋の蓋には綿を厚く張るのは、湯気を出して、塵を入れないためである。これには金輪（五徳）を用いる」

甘葛は甘味料のひとつであるが、食品として利用されるばかりではなく、練香《ねりこう》の原料の一つでもあり、弱火による長時間の加熱を必要とする際の容器として石鍋が利用されていた。

『厨事類記《ちょうじるいき》』

国内で最古の料理書の一つとされるもので、平安時代末期から鎌倉時代末期の宮中の献立について記されており、食物史研究で貴重な資料である。そのなかにつぎのような記述がある。

「芋の皮を剝いで薄く切って、みせん（味煎）を沸かしてそのなかに芋を入れる。あまり煮ないようにする。よい甘葛煎で煮る時には、甘葛煎一合に水二合の割合で入れる。石鍋で煮る。食べる時には、小さい銀の杓子で盛って進める。銀の提《ひさげ》に入れて銀の匙をつけるという説もあるようだ」

これは「芋粥」の調理方法で、芋粥は宴会の場で食されていたことがほかの史料からも想定されている。主食として食されていたというよりも、デザートまたはスナックのようなものと考えられている。また、銀の匙は遺跡での出土事例はないものの、滑石で製作された石の匙は少なからずみつかっている。

『武家調味故実《ぶけちょうみこじつ》』

一五三五年（天文四）に公卿の四條隆重《たかしげ》が伝授したとされる室町時代の将軍などが外出した際に供される料理について記された料理書で、おもに鳥料理の調理法と盛りつけ方法を解説している。そのなかにつぎのような記述がある。

「鴫つぼの事

つけなすびの中をくり抜いて、鴫の実（肉）を作って入れる。柿の葉を蓋にして、藁すべ（稲穂の芯）で縛る。石鍋に酒を入れて煎る。折櫃の中にある耳土器（皿の両端が少し折り曲げられた焼き物）に炒めた塩を置いて供する」

鴫《しぎ》は春から秋にかけて渡来する渡り鳥の一種で、「鴫つぼ」とは、今でいう「肉詰めなすび」のような料理であったのだろう。

以上の三資料から調理に石鍋が使用されていることがわかる。なかでも芋粥は、平安時代後期の儀式書や日記をみると、大臣が開いた大規模な饗宴や臨時の接客、大嘗祭・新嘗祭におこなわれた宮中行事「五節殿上饗」のときに食されている例が多く、石鍋は宮中や摂関家で執りおこなわれる饗宴に際して備えておくべき煮炊具であったと考えられる。

絵図にみえる石鍋

つぎに鍋の使用法について絵図資料を紹介しよう。

『春日権験記絵《かすがごんげんきえ》』

春日大社創建の由来と数々の霊験を描いたもので、西園寺《さいおんじ》公衡《きんひら》の発願で一三〇九年（延慶二）に春日大社へ奉納されている。宮廷絵師の高階隆兼《たかしなたかかね》が描いたとされ、国内の数ある絵巻物のなかでも最高峰の一つと評価されている。そのなかに、祈禱をしてもらった加持僧に食事を出すために厨房で料理をしている場面があり（**図58**）、五徳に深い鍋がかけられ、木製の蓋が描かれている。

『松崎天神縁起絵巻』

松崎天神（防府天満宮）の創建由来と菅原道真の一代記を描いた絵巻物で、一三一一年（応長元）ごろに完成したものである。そのなかに、銅細工師の家の食事の様子が描かれている場面があり（**図59**）、炉の五徳に羽釜状の突起のある鍋をかけている様子である。

『酒飯論《しゅはんろん》絵巻』

酒好きの公家、飯を好む僧侶、酒も飯もほどほどが良いと考える武士が、それぞれの自説を展開し、

図58●『春日権験記絵』より厨房の様子
春日大社創建の由来と数々の霊験を描いたもの。祈禱をしてもらった加持僧に食事を出すために厨房で料理をしている場面（14世紀前半の作）。

優劣を争う滑稽な様子が描かれた一六世紀の絵巻物で、狩野元信と土佐光元によるものがある。調理から配膳、飲食に至る様子が詳細に描かれており、当時の食文化を知るうえで貴重な資料である。そのなかに、鳥や魚をさばき、調理している場面で、五徳の上にかけられた大小、深さが違う鍋と、木製の蓋が描かれている（図60）。

これらの三点の絵図に描かれている鍋は、石鍋ではなく鉄鍋の可能性が高いが、鍔付型石鍋が全国的に使用されている一四～一六世紀の鍋の使用例として貴重な資料である。描かれている鍋はいずれも鍔付型もしくはそれに近い形状をしていて、直火するものと五徳に設置して使用する例に分かれる。

以上、文献と絵画資料で共通してみられることは、一三～一六世紀における石鍋を含む鍋一般が、名前のとおり〝鍋〟（煮炊具）として使用されていたことである。それにともない、鍋の外面は黒くススが

図59 ●『松崎天神縁起絵巻』にみる鍋の使用法
銅細工師の家の食事の様子。炉の五徳に羽釜状の突起のある鍋をかけている（14世紀前半の作）。

付着していることが絵画資料から明らかである。このことは、消費地遺跡より出土する石鍋片のほぼすべてにススが付着していること、かつ佐世保市の門前遺跡で石鍋とともに出土した木製品が石鍋の蓋と推測できることと符合している。

修理するほど貴重な石鍋

石鍋は軟質な滑石を素材にしているために加工しやすい反面、破損するリスクも高い。使用しているうちに劣化することは避けられず、とくに底の部分はすり減っていくことが多かったようである。古代・中世の人びとが穴が開いた石鍋を簡単に廃棄せず、補修して使いつづけていた痕跡がみつかっている。

図61は、版画で紙を押さえる際に使用する「バレン」に似ていることから「バレン状石製品」とよばれているもので（「スタンプ状石製品」「鏡形石製品」というよび方もある）、長いあいだ用途不明と

図60●『酒飯論絵巻』にみる五徳にかけられた鍋
鳥や魚をさばき調理している場面で、五徳の上にかけられた大小、
深さが違う鍋と、木製の蓋が描かれている（16世紀の作）。

されてきたが、近年、出土例が増加してきたことにより、用途と製作方法が解明されつつある。これは縦耳型石鍋の耳（把手部）部分の周辺を円形または楕円形に再加工したもので、突き出た部分（石鍋のときは把手部であった部分）の根元付近に孔をあけるものが基本的な形状である。少数ではあるが、あけた孔のなかに棒状の鉄製品が残るものもまれにみられる。

この特異な石製品をどのように補修具として使用したのか。石鍋の底にあいた欠損部の形を整えて、バレン状石製品の突起部分と欠損部分のあいだに生じる空間を少なくするように微調

図61 ● バレン状石製品とその使用例
上：バレン状石製品。下：石鍋の底にバレン状石製品を外側から挿入して補修した様子。

整して挿入したのである。バレン状石製品は、内・外側の両方向のどちらからも挿入でき、その補修具を固定するために棒状鉄製品を使用した。

4　石鍋が語る中世の実像

今や石鍋は列島各地の遺跡から出土していることが報告されており、その多くが西彼杵半島で製作されたものと考えられている。このことはたんに石鍋が広く流通していたということではなく、中世の多種多様な歴史的背景をもって人を介して石鍋が運ばれ、運ばれるべくして運ばれた理由と経緯を内包しているはずである。しかし、どのような人びとのもとで生産から流通まで管理され、陸路または海路をたどって列島全体へ運ばれたのか、石鍋がなぜ列島全体に流通したのか、断片的にみえつつあるものの、謎のベールはまだ完全には解き明かされてはいない。

石鍋が使用された時代には、石鍋のほかに土鍋や鉄鍋が使用されており、地域によって鍋に使用された素材に偏りがみられる。九州と隣接する周防《すおう》・長門《ながと》（現在の山口県）では、土鍋や瓦質鍋が主体となって使用されているにもかかわらず、石鍋を生産し使用している。

さらに遠方に目をむけると、すでにみてきたように関西地方では石鍋が出土する遺跡の数はかなり多いものの、小破片での出土や再加工されているために詳細の把握までには至っていないが、その限定的な資料の出土傾向としては、寺院関係遺跡や主要幹線沿いの主要遺跡に集中している。関東においても集落遺跡から鉄鍋とともに少量ではあるが石鍋が出土し、それらの遺跡の性格は有力者の居館（屋敷）や寺院、主要幹線に発達した集落跡に集中している。

関西や関東では、実際の煮炊きには土鍋を使用している。石鍋が占める割合としては、ごく限られたものであったことがうかがいしれるが、鉄鍋の利用率もさほど高かったわけではないようである。鉄鍋については、戦乱により鉄製武器へ再生産されたものか、または土鍋が安価で供給しやすいために需要量が高かったものか理由は判然としていないが、武器生産の急増化が背景にあるために起こったとも考えられている。

また、一三世紀に流通のピークを迎え、たんに石鍋が「商品」として流通していただけではなく、石鍋には食器以上の価値が付加され、かぎられた階層の人びとが入手できたものと想定でき、時には当時の中核都市から贈答品として分配された可能性も指摘されている。

このように平安時代から鎌倉・室町時代において、北部九州ではごく一般的な煮炊具として庶民生活に使用されはじめたものが、関西以東では有力階層の人びとが使用できるものへと変化している。この背景には石鍋を使用する調理方法の差のほかに、都から遠く離れた地で製作され、「運ばれてきた鍋」という希少性から価値が付加されたものと考えられる。

そして瀬戸内海以東の石鍋出土遺跡の分布をみると、おもに一三世紀以降、瀬戸内海沿岸を抜けて中心都市であった京都や鎌倉を通るルートがおのずと浮かびあがり、瀬戸内海から太平洋沿岸をまわる中世流通の大動脈を利用した石鍋の流通が考えられるのである。

第４章　石鍋の終焉とこれから

1　石工技術の伝播

滑石製経筒

石鍋を製作した工人らは、時代によって工人として生き抜くための術をもちあわせていた。石鍋の供給が九州島内から琉球列島を中心にみられた一二世紀まで、石鍋とともに製作された石造物の一つに滑石製経筒《きょうづつ》がある。

平安時代の末期、全国各地で戦乱による疲弊や飢饉などが頻発し、仏の末法の予言が現実の社会情勢と一致したため、末法思想が急速に広まった。そうした思潮のなかで、仏教が復活したときのために経文を地下へ保存し将来へ備える経塚の造営が流行した。そこに経文を保存するための容器を経筒という。

経筒は、北部九州では一般的に銅や陶器で製作しているが、滑石産地に近い長崎県や佐賀県では滑石製が主体であった（図62）。年号が記された最古例は、嘉保三（一〇九六）年銘をもつ仏法《ぶっぽう》堤《つつみ》経塚《きょうづか》（佐賀県）のもので、おおむね滑石製経筒が盛行した時期は一一世紀後葉〜一二世紀前半代とされる。

石鍋編年を考案した木戸雅寿は、「経筒や仏像等の宗教色の強い非日常品」であったものが、生産地以外の地との文化交流の結果、「仏教色の強い非日常品から鍋という日常製品への生産形態の転換」が図られたと、経筒が最初で、その後、石鍋がつくられたとした。しかし最近の研究では、滑石製の石鍋と経筒の製作開始時期が再検討され、木戸の想定とは逆に「石鍋→経筒」へ変遷したと想定されている。

経筒と石鍋のあいだには製作方法に多くの共通性がみいだされており、ほぼ同様な工程をへて製作されたと考えられるものまである。今後、両者の製作集団や生産地の特定が同一であるのかなど課題が残されている。

図62 ● 滑石製の経筒
長崎県佐世保市の三島山経塚出土。滑石製経筒のほか湖州鏡と青白磁合子が出土した。

五輪塔・宝篋印塔

石鍋の生産量が急速に減少しはじめる一四世紀以降、肥前（長崎県・佐賀県）では緑色片岩製の五輪塔や宝篋印塔がつくられるようになる（図63）。

緑色片岩も、滑石とおなじく結晶片岩の一つで、西彼杵半島に多くみられるものである。滑石と異なり硬く、名前のとおり深い緑色の石材である。

これらの石塔は、地域の有力者の墓石として造営されたために、比較的良好に残っているものが多く、さらに石質が硬いことで、現在でも製作当時の繊細な細工をみることができる。成形の際に使用したノミの痕跡から、石鍋製作と共通点がみられるのである。

このように石鍋の製作量が減少傾向に転じた後も、何かしらの工房として石工集団が切磋琢磨していたことがうかがえる。

図63●緑色片岩製の宝篋印塔
宗家松浦氏第13代、松浦丹州盛の墓。1467年（応仁元）建立。長崎県佐世保市指定文化財。

2 石鍋製作所の終焉

古代末期から製作されはじめた石鍋は、約五〇〇年という長きにわたって使われつづけたが、戦国時代になると、ついに終焉を迎えることになる。

石鍋が使用されなくなった背景については検討しなければならないことが多いが、今のところ鉄鍋の普及が第一に考えられている。鉄鍋は戦国時代以前からすでに使用されており、九州地域では石鍋と鉄鍋がそれぞれ補完するように、それ以外の地域では上層階級の生活のなかで、目的に合わせた使い分けがされていたようであるが、鉄生産量の増加に加え、「石鍋」を使用しなければならなかった生活様式が変化または消滅していったことにより、石鍋は生活のなかで役目を終えたのであろう。

また、石鍋の容量が古代末期と戦国時代ではおおよそ半分以下へと変化している。これについては想定の域を出ないものの、製作所側の事情もあったのかもしれない。石鍋が終焉を迎える戦国時代は、国内外でヒトとモノの移動が急速に高まった時代でもある。それまで石鍋を製作していた人びとも、石鍋需要の低下を受けて、地域的特性を生かした海運業（海夫集団）へ業種替えしたこともあったのではないだろうか。

ホゲット遺跡がある西彼杵半島は、石鍋を製作していた時代を通じて大規模な集落は発達せず、浦々に細々と小さな集落が点在していたにすぎない。つまり、石鍋製作を支えた工人の絶対数はわからないが、その数割でも業種替えすることは大損害となったことだろう。このような背景をもとに、石鍋生産の減少に対応して、全国の需要量を満たすために石鍋の小型化を考案し、それを達成しようとしたことも想定しなければならない。ただし、時代変化にともなう生活様式や需要者意識の変化は供給者が考えるよりも速く、否応なく石鍋製作が終焉を迎えることとなったのかもしれない。

3　今後の石鍋研究と遺跡の保護

科学的分析との共同作業

一九二〇年代に本格的にはじまった石鍋の考古学的研究は、製作工程と分布調査に重きをおき、その後、より詳細な分布調査や発掘調査をもとに地域別や全国規模での分布をとらえ、流通構造論へと移行してきた。その際、列島各地で出土する石鍋について、「石鍋＝ホゲット石鍋遺跡で生産」という暗黙の了解が浸透していたが、長崎県以外にも生産地が確認されるにつれて、近年、出土石鍋の詳細な産地を特定しようという分析が試みられるようになる。

一九九八年に中島恒次郎はホゲット遺跡と下請川南遺跡での採集資料についての科学的な分析結果を報告している。分析方法として鉱物組成を知るためのX線回析分析法と、化学組成上からの区別が可能であるか検討するために蛍光X線分析法を併用している。そのなかで、両遺跡の採集品において若干の差異や傾向がとらえられるものの「分離指標として確定するまでには至っていない」とし、今後の分析資料数の増加による再検討の必要性を示した。

二〇〇五年には中島がおこなった科学分析方法に加え、今岡照喜らがさらに詳細なデータ分析をおこなった。今岡らはホゲット遺跡および下請川南遺跡の両遺跡から出土した石鍋を、①種類・形状・組織、②主成分および微量成分の化学組成、③鉱物の化学組成の三点に着目して比較検討した。結果としては、京都以西の遺跡（山口県を除く）で出土した石鍋のほとんどがホゲット遺跡周辺地で製作されたものであることを明らかにし、これまでの「石鍋＝西彼杵半島産」という概念を科学的に証明している。

石鍋の研究はまだまだ解明されるべき部分が多く、それらを解き明かすためには石鍋が出土した遺跡を詳細に分析することと同時に、石鍋を生産した製作遺跡の一つひとつを観察することが必要である。石鍋製作の工房跡は時計の針が止まったように現在でも山中で静かにたたずんでおり、今も当時の人びとと同じ目線に立つことができる。この感覚は他の遺跡では味わうことができないものであり、足元の廃棄された石鍋には解明の糸口が刻まれているはずである。

石鍋製作所群の保護を

近年、列島各地で石鍋の出土報告が増加している。これは、近年になって出土したというよりも、石鍋が認知されはじめた結果、発掘調査報告書などで目にする機会が増えたためであろう。すでに収蔵されている遺物の箱のなかに「未報告の不明遺物」として石鍋が今も眠っていることが十分考えられる。

製作所跡については、西彼杵半島が一大生産地であったことは疑う余地がなく、半島全部が製作所跡といっても過言ではない。ただし、長崎県下七六の石鍋製作遺跡のうち、これまでに発掘調査がおこなわれたのはホゲット遺跡、下茅場遺跡と、一部の確認調査がおこなわれた草木原遺跡の計三遺跡にすぎず、そのほかの遺跡の詳細な性格は不明に近い。

近年では有志によって、すでに確認されている製作所跡の詳細分布調査や新規遺跡の確認がおこなわれている。それらの調査を踏まえると、製作所跡は現在の二倍以上になる可能性がある。しかし、有志による活動は、踏査頻度や活動範囲に限界もあり、西彼杵半島の製作所跡の全容を把握するには、今後、相当な時間を要すると思われ、開発工事などにともない破壊されて「消えゆく遺跡」も存在していることであろう。このような事態を防ぎ、製作所跡を記録するためにも、地元住民の協力が不可欠である。

製作所跡のほとんどが所在する長崎県西海市の教育委員会は、二〇一二年二月に「石造物と西海の歴

図64●「西海市ふるさと発見講座」
ホゲット遺跡を発見し、発掘調査した下川の講演。講演会場だけでなく、実際に遺跡で説明もおこなわれた。

史」をテーマにしたシンポジウムを開催し、石鍋を含む石造物や周辺の遺跡を概観しながら西海市の歴史について地元住民に対し周知を図っている（図64）。その後、シンポジウムの内容を編集した書籍も刊行され、少しずつ地域住民の注目が高まりつつある。

このように、今となっては地元の古老や郷土史家などの限定された人びとにしか知られていない、「忘れ去られた郷土の宝・石鍋」を再度、市民のなかに根づくように種を蒔きつづけるために、地元教育委員会を中心にシンポジウムや歴史講座を今後も継続して開催されることを強く望み、いつの日か「石鍋製作所群の保護」という花が開くことを期待したい。

参考文献

藤井　忠　一八八六「石鍋」『東京人類學會』九―二　東京人類學會

藤井　忠　一九一二「雪の浦の石器時代遺蹟」東洋日の出新聞

喜田貞吉　一九一五「鍋と釜」『考古學雑誌』六―三　考古學會

江藤正澄　一九一六「上代石鍋考」『考古界』四―八

喜田貞吉　一九二〇「石鍋」『民族と歴史』四―六

八重津輝勝　一九二四「肥前國雪ノ浦遺跡調査報告」『考古學雑誌』一四―一四　考古學會

内山芳郎　一九二六「西彼杵郡雪の浦村に於ける史蹟」『史蹟名勝天然紀念物調査報告書』四　長崎縣史蹟名勝天然紀念物調査委員會

田淵榮藏　一九三一「先史時代の長崎縣」『長崎談叢』九

津田繁二　一九四〇「我が長崎縣の先史時代及び原始時代の遺跡遺物の概畧に就て」『長崎談叢』二六

鏡山　猛　一九六〇「庄園村落の遺構」『史淵』八一　九州史学会

副島邦弘　一九七一「Ⅳ　年の神遺跡」『九州縦貫自動車道関係埋蔵文化財調査報告書』Ⅱ　福岡県教育委員会

下川達彌　一九七四「滑石製石鍋考」『長崎県立美術館研究紀要』二

正林　護　一九七九「大瀬戸町石鍋製作所遺跡の調査を終って」『長崎県の文化財ノート』長崎県教育庁文化課

正林　護・下川達彌　一九八〇『大瀬戸町石鍋製作所遺跡』大瀬戸町文化財調査報告書第一集　大瀬戸町教育委員会

正林　護・下川達彌　一九八一「滑石製石鍋の炭素測定値」『長崎県埋蔵文化財調査集報』Ⅳ　長崎県教育委員会

木戸雅寿　一九八二「草戸千軒町遺跡の石鍋」『草戸千軒』No.一一二　広島県草戸千軒町遺跡調査研究所

山崎純夫　一九八二『海の中道遺跡』福岡市埋蔵文化財調査報告書第八七集　福岡市教育委員会

森田　勉　一九八三「滑石製容器―特に石鍋を中心として―」『佛教藝術』一四八　毎日新聞社

下川達彌　一九八四「滑石製石鍋出土地名表（九州・沖縄）」『九州文化史研究所紀要』二九　九州大学九州文化史研究施設

下川達彌　一九八五「石鍋の謎」『ストーンテリア』四

定森秀夫　一九八五「平安京左京八條三坊二町―第二次調査」『平安京跡研究調査報告』第一六輯　財團法人古代學協會

山口県教育委員会　一九八七『下請川南遺跡』山口県埋蔵文化財調査報告書第一〇四集

下川達彌　一九九二「西北九州の石鍋とその伝播」『海と列島文化第四巻　東シナ海と西海文化』小学館

木戸雅寿　一九九三「石鍋の生産と流通について」『中近世土器の基礎研究』Ⅸ　日本中世土器研究会

下川達彌　一九九五「生活を変えた職人たち　石鍋」『中世の風景を読む第七巻　東シナ海を囲む中世世界』新人物往来社

木戸雅寿　一九九五「石鍋」『概説　中世の土器・陶磁器』真陽社

宮崎県教育委員会　一九九五『学頭遺跡・八児遺跡』

荒木伸也　一九九八『下茅場遺跡』西彼町文化財調査報告書第一集　長崎県西彼町教育委員会

江上智恵　一九九八「首羅山石鍋製作跡」『糟屋の石―糟屋地区出土滑石製品の基礎資料―』糟屋地区文化財担当者会

鈴木康之　一九九八『草戸千軒町遺跡出土の滑石製石鍋』草戸千軒町遺跡調査研究報告二　広島県立歴史博物館

中島恒次郎　一九九八「滑石製石鍋研究の現状と課題」『九州土器研究会会誌』第九号　九州土器研究会

新里亮人　二〇〇二「滑石製石鍋の基礎的研究—付九州・沖縄における滑石製石鍋出土遺跡集成—」『先史琉球の生業と交易—奄美・沖縄の発掘調査から—』熊本大学文学部木下研究室
荒木伸也　二〇〇三「滑石製石鍋とその分布—石鍋製作所跡の調査：下茅場遺跡の紹介—」『海をこえての海流—石造物から中世社会を探る—』石造物研究会
池田榮史　二〇〇三「穿孔を有する滑石製石鍋破片について」『鹿児島県名瀬市文化財叢書』四　鹿児島県名瀬市教育委員会
東　貴之　二〇〇三「滑石製石鍋製作所跡について—駄馬・目一つ坊石鍋製作所跡を中心に—」『西海考古』第五号　西海考古同人会
吉村靖徳・黒瀬茂文　二〇〇三「福岡県篠栗南蔵院の滑石製石鍋製作所」『古文化談叢』五〇（中）　九州古文化研究会
石塚宇紀　二〇〇五「石鍋の研究—生産・流通・用途について」『駒澤考古』第三〇号　駒澤大学考古学研究室
今岡照喜ほか　二〇〇五「滑石製石鍋の産地同定と流通」『中世瀬戸内の流通と交流』塙書房
鈴木康之　二〇〇六「滑石製石鍋の流通と消費」『鎌倉時代の考古学』高志書院
松尾秀昭ほか　二〇〇六『門前遺跡』長崎県文化財調査報告書第一九〇集　長崎県教育委員会
杉原敏之　二〇〇七「観世音寺出土の滑石製石鍋」『観世音寺—考察編—』九州歴史資料館
鈴木康之　二〇〇七「滑石製石鍋のたどった道」『東アジアの古代文化』一三〇号　大和書房
松尾秀昭　二〇〇七「石鍋の補修具とは—バレン状石製品—」『西海考古』第七号　西海考古同人会
池田榮史　二〇〇七「古代・中世の日本と琉球列島」『東アジアの古代文化』第一三〇号　大和書房
下川達彌　二〇〇八「滑石製石鍋研究の頃—私の思い出—」『調査報告』Ⅰ　長崎石鍋記録会
新里亮人　二〇〇八「琉球列島出土の滑石製石鍋とその意義」『日琉交易の黎明—ヤマトからの衝撃—』森話社
鈴木康之　二〇〇八「滑石製石鍋の流通と琉球列島—石鍋の運ばれた道をたどって—」『古代中世の境界領域　キガイガシマの世界』高志書院
松尾秀昭　二〇〇八「バレン状石製品の形状と時期—長崎県内における出土事例から—」『調査報告』Ⅰ　長崎石鍋記録会
谷川健一　二〇〇八『日琉交易の黎明』森話社
杉原敦史　二〇〇九「門前遺跡発掘調査概要—平成一六年度～平成一八年度を中心に—」『調査報告』Ⅱ　長崎石鍋記録会
澄田直敏他　二〇〇九「山田半田遺跡」『喜界町埋蔵文化財調査報告書』一〇　喜界町教育委員会
田中史生　二〇〇九『越境の古代史—倭と日本をめぐるアジアンネットワーク—』筑摩書房
徳永貞紹　二〇一〇「初期滑石製石鍋考」『先史・考古学論究』Ｖ（甲元眞之先生退任記念）龍田考古会
松尾秀昭　二〇一一「縦耳型石鍋の時期—長崎県内における資料を中心に—」『別府大学文化財学論集』Ⅰ　後藤宗俊先生古希記念論集刊行会
宮城弘樹　二〇一五「南西諸島出土滑石及び滑石混入土器出土遺跡集成」『廣友会誌』第八号　廣友会
杉原敦史　二〇一六「滑石製石鍋の流通について—中世における長崎県本土部の港津の機能から—」『長崎県埋蔵文化財センター紀要』第六号　長崎県埋蔵文化財センター
松尾秀昭　二〇一六「縦耳付石鍋の生産と流通」『九～一一世紀における大村湾海域の展開』長崎県考古学会

ホゲット石鍋製作遺跡

・長崎県西海市大瀬戸町
　瀬戸羽出川郷ドンク岩ほか

本文でも述べたように、雪浦川の河口から車で10分ほどさかのぼった山中に第1〜第11工房が広がり、石鍋を剝ぎとった岩壁がいまも残っている。現地には表示板がところどころに立っているが、舗装されていない山道なので案内なしに入るのは避けたほうがいい。

ホゲット石鍋製作遺跡

西海市大瀬戸歴史民俗資料館

・西海市大瀬戸町瀬戸西濱郷61—1
・電話　0959—37—0267
・開館時間　火〜金曜10：00〜18：00、土・日曜9：00〜17：00
・休館日　月曜、祝日、年末年始（12月29日〜1月3日）
・入館料　無料
・交通　JR長崎駅前より長崎バス「瀬戸板浦（桜の里で乗り継ぎ）」行き乗車90分、「西浜」下車。車で長崎市・佐世保市内より約1時間。

西海市大瀬戸歴史民俗資料館

ホゲット石鍋製作遺跡などで出土した滑石の粗型、石鍋製作の各段階の未成品を展示し、西彼杵半島の地質の概要、製作工程、滑石製品の利用の歴史にかんする解説展示とあわせて、中世の石鍋製作の実態を知ることができる。また家船の模型も展示している。

西海市大瀬戸歴史民俗資料館の展示

遺跡には感動がある

――シリーズ「遺跡を学ぶ」刊行にあたって――

「遺跡には感動がある」。これが本企画のキーワードです。

あらためていうまでもなく、専門の研究者にとっては遺跡の発掘こそ考古学の基礎をなす基本的な手段です。また、はじめて考古学を学ぶ若い学生や一般の人びとにとって「遺跡は教室」です。

日本考古学では、もうかなり長期間にわたって、発掘・発見ブームが続いています。そして、毎年厖大な数の発掘調査報告書が、主として開発のための事前発掘を担当する埋蔵文化財行政機関や地方自治体などによって刊行されています。そこには専門研究者でさえ完全には把握できないほどの情報や記録が満ちあふれています。しかし、その遺跡の発掘によってどんな学問的成果が得られたのか、その遺跡やそこから出た文化財が古い時代の歴史を知るためにいかなる意義をもつのかなどといった点を、莫大な記述・記録の中から読みとることははなはだ困難です。ましてや、考古学に関心をもつ一般の社会人にとっては、刊行部数が少なく、数があっても高価なその報告書を手にすることすら、ほとんど困難といってよい状況です。

いま日本考古学は過多ともいえる資料と情報量の中で、考古学とはどんな学問か、また遺跡の発掘から何を求め、何を明らかにすべきかといった「哲学」と「指針」が必要な時期にいたっていると認識します。

本企画は「遺跡には感動がある」をキーワードとして、発掘の原点から考古学の本質を問い続ける試みとして、日本考古学が存続する限り、永く継続すべき企画と決意しています。いまや、考古学にすべての人びとの感動を引きつけることが、日本考古学の存立基盤を固めるために、欠かせない努力目標の一つです。必ずや研究者のみならず、多くの市民の共感をいただけるものと信じて疑いません。

二〇〇四年一月

戸沢　充則

著者紹介

松尾秀昭（まつお・ひであき）

1979年、長崎県佐世保市生まれ
国士舘大学文学部卒業、別府大学大学院文学研究科修士課程修了
佐世保市教育委員会社会教育課主任主事
主な著作 「石鍋の補修具とは―バレン状石製品―」（『西海考古』第7号、西海考古同人会、2007）、「縦耳型石鍋の時期―長崎県内における資料を中心に―」（『別府大学文化財学論集』Ⅰ 後藤宗俊先生古希記念論集刊行会、2011）、「縦耳付石鍋の生産と流通」（『9～11世紀における大村湾海域の展開』長崎県考古学会、2016）ほか

写真提供（所蔵）
図3：あわら市／図4・43・62：佐世保市教育委員会／図5・6（下）・7（右）・52：広島県立歴史博物館（国重要文化財）／図20：長崎県教育委員会協力／図29・30（下）・46・64：西海市教育委員会／図41：山口県埋蔵文化財センター／図49：福岡市埋蔵文化財センター／図50：奄美市立奄美博物館／図51：喜界町教育委員会／図53：公益財団法人古代学協会／図58：宮内庁三の丸尚蔵館／図59：山口県防府天満宮／図60：国立国会図書館

図版出典・参考（一部改変）
図8：国土地理院20万分の1地勢図「長崎」／図11（上）：東貴之 2008「滑石製石鍋製作所跡について②」『調査報告』Ⅰ 長崎石鍋記録会／図14：江藤正澄 1916／図15：八重津輝勝 1924／図42・44：下川達彌 1974／図30（上）・45：正林 護・下川達彌 1980／図54：下川達彌 1992／図56：『史蹟名勝天然紀念物調査報告書』第4号 1923／図57：木戸雅寿 1993

上記以外は著者

シリーズ「遺跡を学ぶ」122

石鍋《いしなべ》が語る中世　ホゲット石鍋製作遺跡

2017年11月 6日　第1版第1刷発行

著　者＝松尾秀昭

発行者＝株式会社 新 泉 社
東京都文京区本郷2－5－12
TEL 03（3815）1662 ／ FAX 03（3815）1422
印刷／三秀舎　製本／榎本製本

ISBN978－4－7877－1832－7　C1021

シリーズ「遺跡を学ぶ」